이토록 골프가
좋아지는 순간

이토록 골프가 좋아지는 순간

초판 1쇄 인쇄 2021년 7월 30일
1쇄 발행 2021년 8월 10일

지은이 **김정락**

펴낸이 **우세웅**
책임편집 **박관수**
기획편집 **한희진 김은지 이양이**
콘텐츠기획·홍보 **서해선 황수빈**
북디자인 **박정호**

종이 **앤페이퍼**
인쇄 **㈜다온피앤피**

펴낸곳 **슬로디미디어그룹**
신고번호 **제25100-2017-000035호**
신고년월일 **2017년 6월 13일**
주소 **서울특별시 마포구 월드컵북로 400, 상암동 서울산업진흥원(문화콘텐츠센터) 5층 20호**

전화 **02)493-7780**
팩스 **0303)3442-7780**
전자우편 **slody925@gmail.com(원고투고·사업제휴)**
홈페이지 **slodymedia.modoo.at**
블로그 **slodymedia.xyz**
페이스북.인스타그램 **slodymedia**

ISBN **979-11-6785-023-2 (03690)**

※이 도서의 국립중앙도서관 출판예정도서목록(CIP)은 서지정보유통지원시스템 홈페이지(http://seoji.nl.go.kr)와 국가자료공동목록시스템(http://www.nl.go.kr/kolisnet)에서 이용하실 수 있습니다.

※잘못된 책은 구입하신 서점에서 교환해 드립니다.

이토록 골프가 좋아지는 순간

30년 골프를 통해
삶과 인생이 바뀌는
관계 심리학

김정락 지음

SEOLREM 설렘

추천사

한 권의 책이 나오기까지의 과정은 결코 쉽지 않습니다. 생명의 탄생에 비유하자면 하나의 생명이 산고의 고통을 겪으며 태어나는 것처럼 한 권의 책 또한 그에 못지않은 힘든 과정을 겪으며 세상 밖으로 나오기 때문입니다.

이러한 과정을 거치며 '이토록 골프가 좋아지는 순간'을 한 권의 책으로 엮은 김정락 프로의 노력에 박수를 보내며 올해로 '골프칼럼니스트 40년'과 창간 30주년을 맞은 〈골프 헤럴드〉 발행인으로서 추천사를 쓰게 됐습니다. 골프와 함께한 세월은 반세기를 향해가고 있지만, 아직도 해야 할 일과 넘어야 할 산이 많습니다. 모든 것이 세월의 무게에 비해 부족하기 때문입니다.

골프를 시작한 지 28년 된 저자는 대학 시절 골프선수를 꿈꾸다 방향을 전환해 학문의 길로 접어들었고, 현재는 대학교에서 학생들에게 골프학을 강의하고 있습니다. 이 책은 구력 28년의 저자가 골프를 기술적 측면에서만 바라본 것이 아니라, 골프의 매력과 위대성, 룰과 매너, 그리고 에티켓과 인성교육 등 다양한 인문학적 고찰을 통해 골프의 본질을 다양한 주제를 통해 이야기하고 있습니다. 부디, 이 책이 장래 골프 선수를 꿈꾸는 이들에게 더 나은 방향을 제시해 주는 길잡이 역할을 해주길 기대하며, 책과 함께 성숙한 골프를 즐기시길 바랍니다.

요즘, 골프장 풍경을 바라보고 있노라면 신비스런 녹색의 빛들이 점점 짙어지며 진초록의 모습으로 변하는 모습을 관찰할 수 있습니다. 골프장에 가면 늘 자연의 아름다움에 매료되는 이유입니다. 자연의 주는 순수성과 정직성이 그대로 반영된 골프는 골퍼들을 자연인으로 돌아가게 해줍니다. 그래서인지 자연을 가장 닮은 스포츠로 골프가 꼽히는가 봅니다.

"책은 살아 숨 쉬는 생물이며 책을 만들 때는 그 안에 에너지를 불어넣어야 한다." 일본의 밀리언셀러 제조기라 불리는 출판인 우에키 씨가 한 말입니다. 부디 이 책이 많은 골퍼들에게 '이토록 골프가 좋아지는 순간'이라는 제목처럼 좋은 에너지를 불어넣는 양서의 역할을 해주기를 기대하며 읽어보시길 추천합니다.

한국골프미디어협회 회장 및 골프칼럼니스트, 이순숙

골프는 첫째도 매너, 둘째도 매너입니다.

아무리 기술이 좋아도 상대방에 대한 배려가 먼저입니다. 이처럼 골프의 본질을 재미있는 사례를 통해 풀어낸 김정락 작가의 〈이토록 골프가 좋아지는 순간〉을 적극 추천합니다.

이 책을 통해 골프의 멋과 맛을 느껴보세요. 저에게도 골프를 새롭게 다시 생각하는 멋진 기회가 되었습니다.

KPGA투어프로, 김재호

파블로 데 사라사태 이렇게 말했습니다. "37년간 하루도 빠짐없이 14시간씩 연습을 했을 뿐인데 사람들은 나를 천재라고 부른다." 사라사테는 19세기 스페인의 가장 위대한 바이올리니스트였습니다. 손이 작은 핸디캡이 있었기 때문에 이를 극복하기 위해 매일 14시간씩 무려 37년이나 연습했다고 하네요. 그런 그를 사람들은 천재라고 불렀습니다.

사람들은 성공한 사람들을 볼 때 늘 겉으로 보이는 결과만을 보고 판단합니다. 그들이 뒤에서 흘렸을 눈물이나 겪어야 했던 가혹한 역경이나 좌절감은 보지 못하죠.

〈이토록 골프가 좋아지는 순간〉은 골프가 겉으로 보여지는 것과 다르게 그 이면에 기술적인 노력과 함께 인성과 자기 반성의 훈련도 필요하다는 것을 마치 골프 코스를 거닐듯이 말해줍니다.

KLPGA 투어프로, 배경은

프롤로그

매너가 골프를 만든다

"사람의 됨됨이는 18홀이면 충분히 알 수 있다"
스코틀랜드 속담

500년 골프 역사의 뿌리인 스코틀랜드에는 '사람의 됨됨이는 18홀이면 충분히 알 수 있다'는 속담이 있습니다. 골프만큼 긴 시간 동안 함께 걷고 대화하며 진행하는 스포츠는 없습니다. 여럿이서 장시간 필드에 머물다 보면 각자 본래의 인성이 드러나기 마련입니다.

골프의 매력은 기록 경쟁 그 이상입니다. 그 매력은 바로 골프가 상호 관계성의 스포츠라는 것입니다. 골프는 기록 경쟁을 목표로 기술 습득을 최선의 가치로 여기지 않습니다. 만약 '골프에서 인간관계를 빼고 나면 무엇이 남는가?'라고 묻는다면, '0'이라고 답해도 틀린 말은 아닐 것입니다. 그만큼 골프는 관계의 스포츠이고, 관계의 대상은 인간입니다. 잘 안다는 것은 인간에 대한 이해가 깊다고 말할 수 있을 것입니다. 따라서 골프는 사람과 사람을 연결하는 소통의 창이자 동시에 스포츠라 말할 수 있습니다.

직접 창문을 열고 들여다봐야 그 속이 보이듯, 인간에게 있어 대화는 사람의 마음을 읽는 가장 선명한 방식입니다. 그러나 바쁜 일상 가운데 대화의 기회는 오히려 줄어들고 있습니다. 코로나 이후 사람들이 집 안에 머무는 시간이 늘었지만 평소 대화가 없던 가정은 오히려 소통의 문제로 어려움을 겪고 있습니다.

바로 이럴 때 긴 시간 함께 걷고, 대화하며 운동하는 골프가 서로를 이해하는 데 큰 역할을 하리라 생각합니다. 코로나 이후 골프 인구가 오히려 폭발적으로 증가하고 있는 현상만 보더라도 단절을 소통으로 극복하는 데 골프가 가장 이상적이라는 것을 알 수 있습니다. 인간의 본성은 서로가 어울려 소통하며 성장하기를 원합니다. 곧 혼자서 살기보다는 함께 어울려 살도록 되어 있는 것입니다. 단절된 사회와 관계를 회복하기 위해 대화가 필요합니다. 아무 이유 없이 몇 명이 모여 대화를 일정 시간 이어가는 게 쉽지 않습니다. 하지만 골프는 사람과 자연스레 대화를 이끌어주며 단절을 타파하는 훌륭한 소통의 도구라 할 수 있습니다.

기록 경쟁 스포츠는 승과 패가 결정되는 순간 종료되지만, 골프는 결과보다 과정이 더 중요한 스포츠입니다. 아무리 기록이 좋더라도 사람에 대한 매너와 배려 없이는 플레이어로서 성장할 수 없습니다. 우리 인생사가 그렇듯, 사람이 혼자서 잘 날 수 없듯, 골프 또한 상대가 인정하고 내 사람으로 받아들일 때 그 속에서 더 큰 성장을 위한 기반을 다질수 있습니다.

멋진 스윙을 만들기 위해서는 지루한 연습 기간을 거쳐야 합니다. 누구나 연습하면 잘할 수 있지만, 이 지난한 과정을 인내하는 것 또한 골프만의 철학입니다. 제대로 볼을 날릴 수 없다면 필드에 나갈 수 없습니다. 자신의 현재 위치를 직시하고, 자격을 갖추기 위해 인내하고 자신의 한계를 극복해 나가는 게 골프의 멋이자, 맛입니다.

골프 인구가 늘어난 것은 환영할 만한 일이지만, 골프를 제대로 이해하지 못한 채 접근하다 보니 오락, 도박, 허영의 스포츠로 왜곡되어 일부 나쁜 인식을 갖게 한 것 또한 사실입니다. 매너, 예절, 존중, 배려의 스포츠인 골프와는 거리가 먼 일들이 필드 곳곳에서 일어납니다.

골프를 한다면 무엇이 진정한 골프인지는 알고 해야 하지 않겠습니까. 골프를 알면 인생이 깊어집니다. 골프는 곧 인간관계학이기 때문입니다. 내 삶의 중심에는 내가 있고, 타자의 삶 중심에는 그가 있습니다. '나'와 '그'가 연결될 때 삶은 기회를 만들고 성장을 도모하는 방향으로 발전해 나갑니다. 골프가 바로 그 징검다리 역할을 하는 스포츠임에도 불구하고 단순 사행성 스포츠 정도로 생각하고 접근하는 일부 플레이어들의 모습에서 안타까움을 느낍니다.

이 책은 골프의 기술을 다룬 입문서가 아닙니다. 골프 매너를 깊이 이해하고 필드 위에 섰을 때 인간관계는 어떻게 발전할 수 있는지 알려주고자 집필을 결심했습니다. 골프와 비즈니스가 늘 실과 바늘처럼 따라다니는 데는 그만한 이유가 있는 것입니다.

골프의 전설 벤 호건(Ben Hogan)은 "나는 먼저 신사로 기억되고 싶다"고 말한 바 있습니다. 이 말은 골프에서는 인성이 실력보다 앞선 가치임을 강조한 말입니다. 골프는 매너를 만들고, 매너는 골프를 성장하도록 합니다.

골프는 매너와 배려가 우선인 매력적인 스포츠입니다. 성공한 사람들이 골프를 즐기는 것이 아니라, 골프를 제대로 즐길 줄 아는 사람이 성공한다고 믿습니다. 오랜 세월 골프를 가르쳐 오면서 제가 만났던 성공한 이들은 하나같이 신사였고, 사람에 대한 너그러운 배려가 있는 훌륭한 분들이셨습니다.

이 책을 통해 저는 여러분과 인간관계의 어떤 복잡한 문제도 풀어내는 골프의 매력을 인문학적으로 풀어보고자 합니다. 저와 함께하는 이 시간을 통해 여러분의 골프가 더욱 근사해질 수 있길 고대합니다.

목차

이 토 록
골 프 가
좋 아 지 는
순 간

01

18번의 과정, 인생을 배우다

'2019년 골프장 이용객 수 3,897만. 2023년 9조 원 넘을 것.'

골프 산업은 꾸준히 약진하고 있다. 심지어 코로나 여파로 소비가 줄어드는 등 경기 전반이 불황을 겪고 있으나 골프장은 호황이다. 쉽게 접하기 어려운 스포츠라는 인식이 있는데도 많은 사람이 골프를 치는 이유는 뭘까? 주 52시간 근무로 인한 여가 시간의 확산, 국내외에서 높아진 우리나라 선수의 활약상도 있지만 난 그것보다 더 중요한 것은 골프와 우리 인생이 닮았기 때문이라 생각한다.

골프가 인생에서 중요한 철학적 관계를 비춰준다는 점은 새로운 사실이 아니다. 각자가 어떻게 생각하고 적용하는지가 문제이다. 골프와 인생은 곤경에 처했을 때 판단과 결심을 하고 행동에 옮긴다. 골프코스에서 볼은 항상 스윙하기 좋은 장소(페어웨이)뿐만 아니라 험난하고 깊은 러프, 숲이 우거진 나무 밑, 잔디가 파인 구멍, 모래 등 순탄하지만 않다. 인생도 평탄하기만 하면 얼마나 좋겠는가. 그렇지 못한 것이 인생이고 항상 선택을 요구한다. 시련과 고통을 극복하기 위해 용기와 절제가 중요한 변수로 작용한다는 의미이다.

자기를 통제하고 이기는 힘이 필요하다. 집중력이 떨어지면 언제든 위험이 찾아온다. 골프와 인생은 늘 변수가 도사리고 있다는 점에서 같다. 살다 보면, 확실히 말할 수 있는 것 중 하나가 계획은 늘 보란 듯이 빗나가기 마련이라는 것이다. 기회다 싶었는데 막상 가 보면 뜻하지 않은 난관이 기다리는 그런 경우가 있다. 이것은 마치 골프에서 볼이 구멍(디봇)이나 러프에 빠져 안 보이는 상황과 비슷하다. 플레이 과정에서 우린 이런 자잘한 실수를 경험해야만 경기를 진행해 나갈 수 있다. 골프나 인생이나 예상을 벗어난 변수는 정말 많다.

인생에 성장 과정이 있듯, 골프에도 18홀을 향한 대장정이 있다. 도착 전까지 인생도 골프도 경쟁은 불가피하다. 경쟁은 갈등을 야기하고, 불안을 키운다. 거기에 내 마음만으로 컨트롤할 수 없는 외부요인들까지 더해진다. 바람, 습도, 온도, 지형, 잔디 상태가 그렇다. 필드에서 플레이어는 이 모든 요인을 스스로 통제하고 인내하며 한 홀씩 정복하며 앞으로 나아가야 한다. 골프는 함께 하지만, 길은 오로지 혼자 걷는다. 그런 의미에서 보면 골프는 고독한 스포츠이기도 한 것이다.

골프는 전·후반 각각 9홀씩 나뉜다. 마치 인생에서 전반전과 후반전을 구분하는 것 같다. 전반의 내용이 좋지 않았더라도, 후반에 또 한 번의 기회가 있다는 것은 낙담한 사람을 다시 일어나게 하는 힘을 준다.

산다는 것도 그렇다. 쉬운 길과 어려운 길이 공존한다. 지금 잘 되고 있다고 해서 자만할 것도 없고, 지금 힘들다고 해서 낙담할 것도 없다. 끝까지 가봐야만 결과를 알 수 있듯, 전반전에 다소 부족하더라도 포기하지 않는다면 인생 후반에도 기회는 언제든 다시 온다. 난 9홀을 지날 때마다 이 생각을 하며 새롭게 마음을 다잡는다.

골프는 그런 스포츠다. 쉽게 속단할 수 없고, 실패해도 일어설 수 있는 가능성의 스포츠. 그 안에서 다양한 인생을 배울 수 있는 골프가 좋다. 골프는 우리 인생의 축소판이다.

02

골프와 느림의 상관관계

최근 '영끌', '빚투'를 통해 주식과 부동산에 투자를 하는 20·30세대들이 많아졌다. 너도나도 지금 당장 주식을 하지 않으면 안되는 것처럼 말한다. 기사를 보니 1년 새 가계 빚이 100조 이상 늘었단다. 많은 사람이 돈을 버는 것은 반길만한 일이지만 뭔가에 쫓기듯 투자 세계로 진입하는 그들이 걱정스럽기도 하다.

우리나라 사람들의 '빨리빨리' 문화는 해외에서도 익히 알려져 있다. 지난 70년간 전 세계에서 대한민국보다 바빴던 나라가 또 있었을까. 고도 경제성장의 배경에는 개인의 삶을 포기하고 경제 살리기에 모든 삶을 던져 넣었던 국민이 있었다. 전쟁으로 폐허가 된 나라가 소득 3만 불의 나라로 성장하기까지 겪었을 희생이야 말해서 무엇하겠는가. 무엇이든 빨리해내지 못하면 먹고 살기 어려운 시절이었으니 무엇이든 서두르는 일이 우리 몸속 깊숙이 새겨진 것은 당연하다.

최근 몇 년 사이에 정착된 골프의 대중화가 반가운 이유가 이 때문이다. 골프는 급할수록 불리해지는 스포츠다. 침착하게 자신을 컨트롤할 수 있는 사람이 경기를 이끌어 가며, 경기 운영에서 묻어나는 여유로운 멋스러움이야말로 골프의 매력이라 말할 수 있다. 골프는 '느릴수록 빨리 가는 스포츠'이다.

누군가와 함께 골프를 해보면 그 사람의 성향을 바로 알 수 있다. 골프를 기록 경쟁으로만 생각하는 사람들은 자세부터 경직된 모습이 보인다. 몸에 힘이 들어가면 스윙이 부드럽지 못하고 경쟁 없는 연습장에서와 달리 몸이 마음대로 움직여 주지 않는다. 필드와 연습장의 차이 때문에 적응하지 못한다고 생각하지만, 실은 실내외 환경의 영향보다는 필드에 있는 경쟁자의 시선과 이를 너무 의식한 탓에 플레이에 집중하지 못하는 것이다.

마음이 급하니 경기 운영에 계속 실수가 난다. 이런 상태로는 골프를 골프로 즐길 수 없다. 우리 인생도 마찬가지이지 않나. 코로나로 전 국민이 투기 열풍에 휩싸인 근래의 분위기를 보면, 너도나도 무엇에라도 투자하지 않으면 불안해서 견디질 못한다. 옆집에서 하면 나도 해야 한다. 그냥 보고만 있으면 조마조마하다. 내면이 불안해지면 내 생각은 갇혀서 읽히지 않고, 눈앞이 깜깜해지는 법이다. 그래서 본다는 게 남의 생각이다. 무엇이 옳은지

분간도 할 수 없는 상태에서 남의 생각을 따라 살려는 걸 보면 아찔하기까지 하다.

혹자는 너무 지체하면 오히려 경기를 망친다고 하여 초보와 필드에 나가는 것을 싫어하기도 한다. 누구든 처음이 있는 법이다. 개인적으로는 초보와 함께 하는 골프에도 배울 부분이 있다고 본다. 그들의 모습이 얼마 전까지의 바로 내 모습이기 때문이다. 초보를 배려할 수 있는 위치에서 매너있게 리드하는 모습을 보인다면, 그들이 당신을 어떻게 기억해줄까? 다시 말하지만, 골프는 기록이 전부인 스포츠가 아니다. 경쟁은 골프의 일부분일 뿐이며, 인간관계의 스포츠 그 자체란 사실을 잊지 말기 바란다.

03

첫 라운드

'청바지 차림에 티셔츠?'

막 필드로 나가려던 찰나, 한 남자가 헐레벌떡 뛰어온다. 오늘 함께 라운드를 돌기로 약속한 지인이다. 늦어서 미안한 얼굴을 한 그에게 괜찮다고 말해주려는데, 그의 입에서 나온 말에 당황했다.

"골프 클럽은 어디에 있어요?"

그의 생애 첫 라운드. 그날은 '머리 올리는 날'이었지만, 아무것도 준비하지 않은 라운드이 제대로 됐을 리 만무하다. 이런 사람에게 골프 규칙과 예절까지 기대할 수도 없었다. 동반자가 샷을 할 땐 조용히 기다려주어야 한다는 기본 예의조차 지키지 않고 부산스러운 남자. 사람을 향해 연습 스윙을 한다거나, 도우미를 하대하는 일쯤은 귀엽게 봐줘야 할 정도였다.

필드에 나올 정도가 되려면 기본적이 매너는 익히고 와야 한다. 특히 골프의 첫 라운드는 중요하다. 이날 누구와 함께 라운드를 진행하느냐에 따라 골프를 대하는 태도나 생각이 정립되기 때문이다. 뭐든 첫술을 잘 떠야 한다.

첫 라운드이라면 머리를 올려주는 사람이 있다. 그날은 그에게 모든 걸 맡기고 하나부터 열까지 배운다는 자세로 임해야 한다. 예전에는 첫 라운드을 위한 준비 기간이 6개월 정도 걸렸는데, 요즘은 이것도 길다 해서 한두 달도 안 돼서 나가는 일도 자주 본다.

예전과 달리 지금은 골프의 문턱이 많이 낮아졌다. 하지만 이것이 장점만은 아니다. 시뮬레이션 연습 장비가 보급되면서 골프를 기술적으로만 접근하려는 모습이 아쉽다.

연습하다가 힘들고 지루해지면 건너뛴다. 엄하게 잡아줄 선생이 없이도 배울 수 있으니 예절과 규칙을 모른다. 하나하나 노력을 쌓아가는 과정 없이 재미 위주로 골프를 대하다 보니 골프가 내기 스포츠쯤으로 전락하고 마는 것이다.

골프만 그럴까. 우리가 삶을 대하는 자세와도 같다. 어떤 일이든 높은 수준에 도달하기 위해서는 반복과 연습이 필수다. 숨을

쉬듯 몸에 익어야 온전히 내 것이 되고, 최상의 것을 만들 수 있다. 모양새만 따라하면 낮은 단계의 수준은 쉽게 익힐 수 있다. 하지만 거기까지다.

04

골프는 관계의 스포츠다

당신은 친밀한 관계를 맺기 위한 최적의 장소가 어디라고 생각하는가. 누군가 내게 이 질문을 한다면 주저할 것이 없이 필드라고 답할 것이다.

골프를 잘하려면 세 가지가 필요하다. 첫째는 건강이다. 둘째는 마음의 여유다. 마지막은 바로 '대화'다. 대화란 혼자 할 수 있는 게 아니다. 특별한 목적이 없더라도 대화의 시간이 길어지면 다양한 주제의 이야기가 나온다. 막역한 대화를 나눌 수 있는 관계가 인간적으로 깊은 관계다.

18홀을 걷는 4시간 동안 10여 킬로미터를 함께 걸으며 시선을 맞추고, 부드러운 대화를 나누다 보면 어느새 부쩍 서로 가까워졌음을 느끼게 된다.

대화의 질은 환경이 결정한다고 봐도 그리 잘못된 말은 아닐 것이다. 누구든 사는 일은 바쁘다. 그러다 보니 내 감정을 나눌 대상도, 공간도 없다. 나이가 들수록 만날 사람이 줄어들어 외로워진다. 사람을 찾아, 술집으로 갈 바에야 골프 클럽을 챙겨 골프장으로 가는 게 백번은 나은 일이다. 젊어서는 사업상 골프를 많이 치곤 하지만, 나이가 들면서는 배우자나 자녀들과 골프를 즐기는 가정도 많다. 가족이라 해서 모두 화목한 것은 아니다. 자녀가 자라면서 대화는 더 줄어들고 성인이 된 후 출가를 하게 되면 그때부터 만나기란 더 쉽지 않다. 이럴 때 함께 라운드를 하면서 그간의 못다 한 대화까지 할 수 있으니 이만하면 참 괜찮은 스포츠 아닌가.

시야를 필드로 돌려 코스 위를 상상해 보자. 그곳은 잔디와 나무 외엔 아무것도 존재하지 않는 것처럼 보인다. 골프장은 매우 철학적이다. 있어야 할 것 외에는 존재하지 않는다. 이런 여백 앞에서 플레이어는 설렌다.

현대인은 빈자리에 두려움을 느낀다. 비어있으면 무언가를 채워야 할 것 같은 강박을 느낀다. 하지만 자연에 들어섰을 때만은 그렇지 않다. 산과 바다를 상상해 보라. 한없이 높고 끝없이 펼쳐진 바다를 보면서 인간은 텅 빈 자유를 느끼고 행복해한다.

골프장을 찾는 이유도 이 때문 아닐까? 골프장에 들어서는 순간부터 마음이 들뜬다는 사람에게 물었더니, 초록색 잔디를 보는 것만으로 행복하다고 한다. 인공적인 자연이지만, 골프는 인간이 그리워하는 감성이 무엇인지를 안다. 그리고 그것을 도심 가까이에 옮겨다 놓았다. 어찌 보면 골프장이야말로 도심 가운데 존재하는, 자연에 목마른 자들의 오아시스 아니겠는가.

필드 안을 둘이서 걷다 보면 생각이 내 안에만 머물지 않는다. 의식이 상대에게로 옮겨가 자연히 그의 생각을 읽게 된다. 인간의 소통은 언어적인 부분보다 비언어적 소통의 비중이 훨씬 크다. 몸짓, 표정, 걸음의 속도, 발성, 이 모든 것이 언어이고 대화다. 차분히 몇 시간을 함께 걷는 것만으로 내가 알지 못한 그를 알게 되는 셈이다. 굳이 말을 하지 않더라도.

5시간 동안 누군가와 걸어본 적이 있는가. 골프가 아니면 평생 경험하기 힘든 일일지 모른다. 긴 시간을 함께 걷다 보면 누구나 자연스럽게 자신의 속내를 드러내기 마련이다. 마음을 살짝 열어줄 때 그때 나오는 말들이 진솔한 것이다.

골프에서 걷기는 거의 전부라 해도 과언이 아니다. 걷기가 없는 골프는 상상할 수 없다. 사람은 함께 걷는 동안 서로 자연스러워진다. 동화(同化)란 서로 자연스러워져 하나의 풍경이 되는 것을 말한다.

걷기와 대화의 스포츠, 그것이 골프다. 그래서 인간관계에 문제를 겪거나, 깊이를 더해야 할 때 사람들이 필드를 찾는 것이다.

오랜 기간 골프를 지도해 오면서 확인한 배움이다.

골프를 이제 시작하려는 사람이라면 기술을 익히기 전에 '골프란 무엇인가?' 본질적 질문을 함께 고민했으면 한다. 이 질문은 비단 골프에 국한된 것이 아니라 자신의 인생 자체를 돌아보게도 한다.

05

유일한 자연, 필드

도시의 삶은 숨이 막힌다. 주위를 둘러보면 끝도 없이 종과 횡으로 들어찬 거대한 콘크리트 숲뿐이다. 도시엔 지평선이 없다. 일본 시즈오카대학 후나세 슌스케 교수의 《콘크리트 주택에서는 9년 일찍 죽는다》라는 책을 보면 자연으로부터 멀어질수록 인간의 삶이 위태로워진다는 사실을 상기하게 된다.

인간의 종말은 결국 흙임에도 불구하고 우리 삶은 계속 흙으로부터 멀어지려고만 한다. 흙에는 숨이 있다. 생명이 있다. 나는 자연의 이러한 생동감을 필드에서 느낀다. 횡으로 뻗은 짙은 초록의 생명을 마주하고 있으면 그저 위안이 된다. 광활한 대지와 푸른 하늘 그 사이를 맞닿을 듯 수직으로 일어선 것은 오직 나무뿐이다. 필드는 화폭을 벗어난 살아있는 갤러리 같은 느낌이다. 그 안에 있으면 마음이 그렇게 편할 수가 없다.

도시에서 인간이 유일하게 평탄한 초록의 자연을 볼 수 있는 공간. 이 공간이 없었다면 코로나로 힘든 이 시기에 우린 더 힘들었을지 모른다. 골프는 생각처럼 비싼 스포츠가 아니다. 조금만 알아보면 누구나 경험할 수 있는 스포츠다.

가끔은 답답한 콘크리트에서 벗어나 가족, 친구, 자녀들과 자연에서 골프를 즐기시길 추천한다.

06

10만 원이 100만 원이 되는 마법

한 사람이 한 번 샷을 하는 데 걸리는 시간은 보통 40초다. 계산을 해보면 18홀을 도는 데 한 사람이 샷을 하는 시간을 합쳐보면 50분이 채 되지 않는다. 라운드에 소요되는 시간이 보통 4~5시간 정도임을 감안할 때 라운드의 80%에 가까운 시간이 다른 요소들로 채워지는 것이다.

'골프'하면 연상되는 이미지는 스윙으로 각인되었지만 이는 작은 부분이다. 골프에서 많은 시간은 홀과 홀 사이를 이동하는 걷기, 그리고 동반자와의 대화로 채워진다. 이 시간을 통해 상호 간 관계를 맺으려고 한다. 많은 사람이 비즈니스 미팅을 골프를 통해서 하는 이유가 여기에 있다.

골프는 동반자와 거리를 측정할 수 있는 간극의 스포츠다. 즉 사람과 사람 사이의 관계를 규정짓는 것은 심리적 거리의 척도가

된다. 연인, 부모 자식의 거리는 '0'이다. 우리 주변을 살펴보면 '0'의 거리를 유지한 채 걸을 수 있는 관계는 당신에게 특별한 의미다. 그들은 당신을 위해 자신의 삶 일부 또는 전체를 희생할 수 있는 존재들이다.

그런 의미에서 '0'의 거리는 누구에게나 허락되지 않고 특별하고 귀한 존재이다. 사람과의 관계를 형성하고 얻기 위해 어떻게 해야 할까. 골프 코스에 들어서면 초록의 잔디, 따듯한 햇살 그리고 시원한 바람은 사람을 편안하게 만든다. 인간이 여유를 느끼면 긍정의 생각으로 사려 깊은 시선으로 상대를 바라본다. 골프를 통해 동반자의 마음을 읽을 수도 있다. 사익을 추구하는지, 시기하거나 욕심을 드러내는지 품행을 통해 엿 볼 수 있다. 특별한 행동이 없어도 또 타인의 시선 없이도 골프가 우리에게 주는 마법이다.

축구, 농구 등의 구기 종목의 경우에는 상호 간 대화가 있을 수 없다. 물론 전술을 위한 대화는 있지만, 인생과 비즈니스를 논하는 대화는 없다. 4쿼터. 동점. 남은 시간 20초. 공은 내 손에 있는데 바로 앞 상대에게 "당신의 꿈은 무엇입니까? 이런 물음을 던질 수는 없다.

하지만 골프는 그것이 가능하다. 기본적인 형태는 '경쟁'이지만 경쟁을 하는 사람 둘 다 하나의 홀을 향해 나아간다. 그들의 목적지는 같다. 경쟁이지만 상대방과 함께 한 방향을 향한다는 사실이 아이러니하다. 그래서 골프는 때론 전략적이다. 비즈니스의 목표 또한 나만 원하는 것을 얻는 것이 아닌 상호 간의 이익을 목적으로 해야 한다. 그 때문에 좋은 관계는 필수다. 여행을 하는 내내 옆 사람과 싸운 채 동행한다면 얼마나 불편할 것인가. 홀과 홀 사이를 이동하면서 자연스러운 대화가 이어지고 신뢰가 쌓인다. 이것이 골프가 지닌 매력이다. 공동의 목표(홀)를 향해 함께 나아가는 것. 그 안에서 공동의 이익을 도모할 수 있는 생각이 공유되는 것(물론 승패는 갈리지만).

어떤가. 단돈 십여만 원에 수백, 수천의 비즈니스 수익을 올릴 수 있는 기회가 생긴다면 당신은 투자할 것인가. 아니면 그 자리에 있을 것인가.

07

첫 경험

"틱! 어이쿠!"

"어허허! 괜찮아. 괜찮아."

생에 첫 라운드. 티 박스에 오른 날이었다. 오르기 전 머릿속으로 수백 번 스윙에 대해 그렸다. 하지만 티 샷 지점에 오르자 머릿속이 하얗게 바뀌며 아무 생각도 나지 않았다. 뒤에선 사람들의 시선이 날아와 등에 꽂혔다. 몸은 점점 딱딱하게 굳어가고 필드 위 하늘과 나무는 어느샌가 보이지 않았다. 결국 헛스윙이었다. 동반자는 괜찮다며 웃으며 위로를 건넸지만 내 마음은 편하지 못했다. 그날 난 헛스윙, 땅 치기, 공을 이산 저산으로 날렸다. 생애 첫 라운드은 그렇게 끝났다.

누구에게나 첫 경험은 잊기 어려운 기억이다. 당시 가장 많이 느끼는 감정은 아무래도 '낯섦과 과함' 그 중간쯤 어디가 아닐까.

첫 라운드 전날. 난 자신감에 가득 찼다. 어서 빨리 내일이 돼서 사람들에게 그간 갈고닦은 실력을 보여주고 싶었다. 그렇게 해서 "와아! 초보치고는 상당히 잘 치는데?"라는 인정을 받고 싶었다. 초보에게 '의욕'과 '인정'의 욕구가 생기면 이는 곧 실수로 이어질 확률이 높다.

하루 전날 모자, 신발, 옷, 볼 등 준비물을 챙겼다. 처음이 아닌 것처럼 보이기 위해 준비 과정부터 실수하지 않으려 애썼다. 짐을 챙기고 누웠지만, 설레서 잠이 쉽게 들지 않았다. 따듯한 햇살을 맞으며 티 박스에서 첫 티샷 한 볼이 은빛 푸른 잔디의 페어웨이에 안착한다. 그다음 샷은 그린에 올라가 한 번의 퍼팅으로 홀에 들어가면서 버디를 만든다. 결국 뜬눈으로 밤을 새운 몸은 고단하고 피곤함에 몽롱하다.

골프장 도착과 동시에 놀라움을 금치 못한다. 눈앞에 펼쳐진 코스의 광경으로 해방감, 신선함, 자유로움이 나를 감싸는 느낌이다. 가슴 한편의 떨림은 미친 듯이 요동치고 멈추고를 수백 번 반복한다. 클럽하우스로 들어와서 사물함 열쇠는 어디서 받아야 하는지, 옷은 어디서 환복해야 하는지, 모든 것이 처음이라 어리둥절하다. 걱정과 불안함의 연속이지만 골프장 도착과 동시에 골프는 이미 시작되었다. 복장을 갈아입고 신발 끈을 질끈 묶고 잔디를 밟았다. 잔디는 카펫처럼 부드러우면서 지면 위에 몸이 살짝 뜬 느낌이다. 드넓게 펼쳐진 초록의 감성을 마주하니 그저 황홀할 뿐이다.

골프는 경기 시작도 끝도 예의다. 티샷 한 볼이 러프로 들어가면 같이 찾아주고, 상대가 볼을 맞추지 못해도 괜찮다고 용기를 북돋아 준다. 오늘 첫 라운드이라면 동반자가 아무리 친절해도 긴장을 해서 귀에 말이 잘 들어오지 않는다.

친절도 받을 준비가 된 사람이 받는 것이다. 긴장을 하다 보니 주위에 신경을 쓸 여력이 없는 게 당연하다. 초보란 들을 수 있는 말을 듣지 못하고, 볼 수 있는 것을 보지 못하고, 맞출 수 있는 공을 맞추지 못하는 사람이다. 필드에 서는 순간 연습해온 대로 되지 않고 꼬여버린 자신이 당황스럽겠지만, 연습은 연습일 뿐, 필드에서는 다시 처음이라는 생각으로 안 되는 것을 하나씩 되도록 만들어 가야 한다.

처음 라운드을 나가면 오직 볼 하나에만 집중하게 된다. 클럽 페이스 중앙에 볼이 정확히 맞았을 때의 감각은 이루 말할 수 없는 짜릿한 전율이다. 이런 전율도 클럽을 120번 정도 휘둘렀을 때 기껏 1, 2번 느낄 수 있다.

시작은 누구나 늘 서툴다. 이것은 불변의 진리다. 누구에게나 초보인 시절이 있다. 누구나 처음 클럽을 손에 들었다면, 돈이 있고 명예가 있는 사람이라고 피해갈 수 없는 첫 과정을 반드시 거쳐야 한다.

처음이라는 서투름의 과정에서 불안, 낯섦, 어려움을 깨고 나와야 '첫'이라는 단어의 의미를 머리와 몸에 각인시킨다. 처음은 힘든 통과지점처럼 느껴지지만 돌아보면 성장의 첫 계단이다.

08

최적의 스윙을 만드는 힘

트와일라 타프(Twyla Tharp)는 영화 〈아마데우스〉, 〈백야〉에서 안무를 만든 세계적인 안무가이다. 그녀는 인터뷰에서 "50년간 하루도 빠지지 않고 아침 운동에 나갈 수 있었던 비결은 무엇인가요?"라는 질문에 "비결이요? 눈을 뜨자마자 택시를 부르는 일이었죠"라며 대단한 말을 기대한 사람들에게 다소 김빠지는 이야기를 했다. 하지만 생각해 보니 그녀의 말이 맞다.

지속 가능한 의식을 만드는 것에 복잡한 시스템은 필요 없다. 그녀가 한 일이라고는 핸드폰을 열고 통화버튼을 누르는 것뿐이었다. 단순한 삶의 반대말은 목적 없는 삶이다. 왜 그럴까. 인생에 뚜렷한 목적이 생기면 최단 거리를 뛰는 것이 누가 봐도 합리적이다. 당신이 자주 방향을 잃거나 성과가 제자리걸음이라면 그때 당신이 하고 있는 일의 목적과 목표를 점검해 보아야 한다.

골프의 목적은 최종 타수를 줄이는 것이 아니다. 그것은 하나의 수단에 지나지 않는다. '무엇 때문에 골프를 하는가?' 당신은 이 질문에 어떤 답을 할 것인가. 단언컨대 골프만큼 자기관리가 필요한 스포츠는 없다. 위대한 골퍼 벤 호건은 "하루를 연습하지 않으면 자신이 알고, 이틀을 안 하면 관중이 알고, 삼일 연습 안 하면 온 세상이 다 안다"라고 했다. 단 하루만 클럽을 잡지 않으면 실력은 퇴보한다는 말이다.

왜 그럴까? 스윙은 손동작을 시작으로 두 팔의 일치된 궤적을 수용해야 한다. 두 팔은 간격을 유지하고 어깨는 몸통을 비틀며 회전하면서 움직인다. 몸의 상체가 부각되지만 지면을 딛고 선 하체부터 시작된다. 발에서 무릎, 무릎에서 다리, 다리에서 허리, 허리에서 상체로 옮겨가는 과정에서 힘과 정확도가 결정된다. 몸의 힘을 집중시켜서 한쪽으로 몰리는 것을 막아야 한다. 균형을 맞춰 잘게 쪼개 온몸에 힘을 골고루 분산시킨다. 퍼져나간 힘이 집중된 힘을 폭발시켜 최적의 힘을 불어넣는다. 다시 말해 골프는 몸 전체를 온전히 제 기능을 다할 때 최적의 스윙이 나온다.

자기관리는 사람마다 다를 수 있다. 자기의 자산이 건강이면 건강관리법, 기술이라면 기술 연마, 마음이라면 긍정적인 마음의 자산을 키우고, 체력이라면 체력을 관리해야 한다. 나의 진짜 적은 바로 자신이다. 상대방을 이기려고 하는 것이 아님을 깨달아야 한다. 자신의 관리를 위해서는 내 몸에 대한 성찰이 전제되어야 한다. 이것은 반복과 지속을 통해 터득할 수 있으며, 몸의 변화에 따라 다시 성찰되고 끊임없이 재조정된다. 자신의 일에 성공한 사람을 보라. 자신의 몸 관리부터 목표 시간과 개인의 일상을 철저히 분리해 관리한다. 섬세하고 규칙적인 사람은 기본훈련을 빠뜨리는 법이 없다.

현대무용의 대가 트와일라 타프를 만든 것은 50년간 빠짐없이 아침 운동을 해 왔기 때문이다. 대범한 목표와 목적을 가진 그녀를 만든 건 재능이 아니라 지속력이었다. 열정이란 하루 24시간 몰입하는 것이 아니라, 매일 10분이라도 빠짐없이 지속하는 것이다.

09

침묵은 긍정의 효과가 있다

골프를 마무리하고 들어온 그녀의 표정은 어두워 보였다. "오늘 골프가 잘 안됐구나?"라며 이야기를 하는데 기다렸다는 듯 말을 쏟아냈다.

"그게 아니고요, P는 자기도 골프를 못 치면서 저에게 레슨을 한다고 쉴 새 없이 떠들어 대잖아요. 저도 제가 연습한 부분을 실전에 나와 점검하고 싶었거든요. 그런데 저에게 머리 들지 말라, 힘 빼라, 백스윙이 빠르다며 충고하잖아요. 원하지 않는 조언은 잔소리로밖에 안 들려요."

거기서 끝이 아니었다. 그녀가 혼자 걸어가고 있으면 P가 옆에 와서 "하체 고정하고, 손을 앞으로 쭉 뻗어줘야 볼이 똑바로 가고, 힙을 빨리 돌려야 볼이 멀리 간다." 끊임없이 조언했다고 한다. "18홀 동안 너무 피곤했어요. 조용히 걸으며 생각도 하고 복잡한 머리도 정리하고 싶었는데 P 때문에 하루를 완전히 망쳤어요. 실력도 없을뿐더러 눈치까지 없어 제가 원하지도 않았는데, 가르치려고 들어서 짜증이 났고, 골프도 치기 싫어졌어요." 그녀는 계속 푸념 섞인 말을 쏟아냈다.

골프 라운드는 골퍼에게 소중한 시간이다. 과거에는 비즈니스 차원에서 골프를 했다면 현재는 여가 차원에서 즐기는 사람이 많아졌다. 한 달에 한 번 직장에 눈치를 보며 월차나 반차를 사용해 어렵게 필드에 나온다. 골프 라운드를 어렵게 나온 만큼 기대도 크다. 직장인 골퍼는 도시에서 벗어나는 자유로움과 행복을 온전히 느끼고 싶어 한다. 또 자신이 갈고닦은 실력을 코스에서 점검하고 싶은 마음도 크다.

만약 여러분이 한 달에 한 번뿐인 소중한 시간을 타인에게 빼앗긴다고 생각해 보면 그야말로 악몽 그 자체이지 않겠는가? 레슨은 필요한 사람에게 전달될 때 비로소 가치가 있다. 그런데 그녀는 P의 레슨을 원하지 않았다. 그렇다면 P의 레슨은 과연 누구를 위한 것인가? P의 레슨은 그저 자신의 욕구를 제멋대로 발산한 행동이다.

위의 사례와 같이 라운드를 하다 보면 원하지 않는데도 불구하고, 일방적으로 레슨을 하는 경우가 빈번하다. 가르치는 사람의 입장은 상대방에게 도움을 주기 위해 시작했지만, 배움을 강요받는 입장에서는 달가울 리 없다. 레슨이 아니라 자기만족을 위한 과시 욕구의 행동일 뿐이다. 아무리 의도가 훌륭해도, 상대방이 공감하지 않는다면, 레슨은 공허한 메아리처럼 들릴 뿐이다. 좋은 의도를 가지고 상대방에게 가르침을 베풀었다고 생각하며 뿌듯함을 느끼겠지만, 정작 레슨을 받는 사람은 말없이 괴로워하는 희생자가 된다.

우리는 비즈니스에서 빠른 성과를 달성하기 위해 상대방에게 불필요한 말을 늘어놓는다. 하지만, 말이 많아지면 허언이 섞이고, 실수도 잦아진다. 많은 말을 하기보다는 침묵을 유지하며 행동으로 실행하면 신뢰가 커진다. 동료가 땀을 흘리면 말없이 수건을 챙겨주고, 물과 간식을 건네고, 볼을 같이 찾아주는 것이다. 또 코스 전략을 같이 논의하고, 그린의 라인에 대해서도 같이 상의해주면, 진실한 행동은 상대방의 마음에 고스란히 전해진다. 상대방의 의중을 고려해 침묵과 행동을 병행하며 상대에게 진심을 전하는 것이다. 상대는 나의 행동이나 말을 통해서 진심을 이해할 수 있다.

상대방이 원치 않는 말은 사유하는 시간을 뺏는다. 그들이 충분한 생각 끝에 내 생각을 요청할 때 말을 건네면 오히려 현명한 가르침일 수 있다. 인간은 누구나 자신을 돌아보는 시간, 사색을 통해 자신과 상대를 관찰하는 시간이 필요하다. 그 시간만큼은 어느 누구도 방해해서는 안 된다. 골프에서는 불필요한 말보다 말없이 챙겨주는 진실한 행동이 더 중요하다. 때로는 침묵이 더 많은 것을 말할 때가 있다.

10

마음 상태가 수준을 결정한다

그가 퍼팅한 볼이 홀을 향해 굴렀다. 홀이 가까워질수록 속력이 점차 줄어들더니 홀 바로 앞에서 볼이 멈췄다. 그 광경을 지켜보던 동반자는 속으로 안도의 한숨과 쾌재를 불렀다. 그 순간 볼이 자석에 이끌린 듯 홀 속으로 빨려 들어갔다. 축하를 해줘야 하는 것이 맞지만 왠지 모르게 씁쓸하다.

골프는 상대의 영향을 받는 운동이다. 동반자가 자신보다 좋은 실력을 발휘하면 마음과 뇌에서 난리가 난다. 경쟁의 대상을 잘못 인식해 상대가 잘하는 모습을 보면 부정적인 마음이 솟구친다. 복잡한 감정의 형태가 상대에 대한 시기와 질투로 나타난다. 자신의 욕구가 충족되지 못해 폭발한 것이다. 자신의 능력을 한탄하고, 상대를 깎아내리는 마음으로 자신의 태도와 가치에 변화를 준다.

부정한 마음은 자신의 가치관을 바꾸어 놓는다. 동반자의 실력에 대해 비판하려고 한다. 일은 안 하고 골프 연습만 했다든지, 자신의 실력은 시간의 부족을 핑계 삼고 상대방의 실력은 비판만 한다. 상대의 노력과 실력에 깔린 근본적인 가치를 흔들고 희석시킨다. 시기심은 열등감에서 온다. 실력의 부족을 극복하지 않고 부정한 가치관을 끌어내 마음의 편안함을 얻는다. 내가 실패했다고 다른 누군가도 안 되기를 바라는 심보는 자신을 갉아 먹는 행동이다. 동반자에 대한 질투, 시기를 넘어 무너지기를 바라는 마음은 인생을 불행하게 만드는 태도다. 작은 마음이 커지고 생각의 크기가 불어나면서 잘못된 행동이 올바른 사고라 믿게 된다.

근본적인 문제는 스윙에서 비롯되는 것이 아니다. 본질을 꿰뚫어 봐야 한다. 즉 문제는 마음가짐에서 발생한다. 자신을 정확하게 바라보는 능력을 키워야 한다. 자신의 노력과 상대의 노력을 같은 시선에서 견준다. 노력의 차이를 인정해야 부족함을 발견하고 재단이 가능하다. 상대가 자신보다 잘하면 그만큼 시간, 노력, 열정을 투자한 것이다. 당신이 잘하는 일을 생각해 봐라. 잘하기 위해 그냥 잘 된 것은 아니다. 상대가 당신의 실력을 질투하고 흠집을 낸다면 당신의 노력을 폄하하는 것이다.

인간은 자신에게 문제가 있을 때 동반자도 그렇게 되기를 바란다. 그 마음을 비난할 생각은 없다. 그러나 골프의 수준도 그만큼이 되어버린다. 자신의 마음 상태가 골프 수준을 결정한다. 골프의 척도는 지위와 명망으로 결정되는 게 아니다. 당신의 마음은 어떤가? 다른 종목과 골프의 차이는 골프는 인격의 스포츠라는 것이다. 스스로 인성을 돌아볼 수 있어서다.

사람은 시기와 질투를 느끼도록 태어났다. 골프 코스가 18홀까지 있는 이유는 시기와 질투를 조절하며, 스스로의 문제점을 파악하고 반성하게 함이다. 상대를 진심으로 칭찬하고 위로하게 만들기 위해서다.

11

발가락의 작은 변화가 큰 효과를 가져다 준다

레오나르도 다빈치(Leonardo da Vinci)는 인간의 발을 '인체공학의 걸작이자 최고의 예술품'이라 극찬했다. 인간이 직립보행을 하게 되면서 두 손이 자유로워졌고, 이것이 인류 문명이 발전할 수 있게 된 창조의 불씨가 되었다. 도구를 사용하게 되면서, 소통을 위한 언어가 발달하게 되었고, 언어는 공동체를 이루고 유지하는 데 결정적인 역할을 했다. 집단생활을 하게 되면서 생산력은 증대되었고, 문화가 발달하게 된 것이다. 직립보행이야말로 인간의 창조성에 기여한 가장 큰 선물인 것이다.

'골프' 하면 아름다운 궤적의 스윙을 떠올릴 것이다. 팔, 몸통, 하체로 이어지는 힘을 균일하게 전달하면서 끝까지 균형을 잃지 않는 것이 중요하다. 완벽한 스윙을 만들고자 한다면, 보이는 부분만이 아니라 보이지 않는 부분 또한 신경을 써야 한다. 바로 발가락이다. 몸을 지탱하면서 마지막까지 균형을 잃지 않고 자연스럽게 힘을 이동시키는데, 힘이 바로 발가락 끝이다. 우리는 무심코 걷기 때문에 느끼지 못하지만 발꿈치부터 발바닥, 발가락 순서로 움직이면 균형을 유지한다. 곧 체중을 오른발, 왼발로 발가락이 움직이며 우리 몸을 지탱한다. 물구나무서기를 생각하면 손바닥으로 몸을 받쳐 들고 있지만 손가락이 균형을 유지하는 것과 같다. 몸을 지탱하면서 마지막까지 균형을 잃지 않으면서 자연스럽게 힘을 이동시키는데, 그 힘이 바로 발가락까지 전달된다.

발가락 중에서도 엄지·검지·중지 발가락에 체중이 많이 실린다. 발가락은 몸의 중심을 잡아 줄 뿐만 아니라 체중을 한쪽에서 다른 쪽으로 옮겨 주는 회전축 역할을 한다. 힘을 빠르게 이동시켜야 하는 스윙이 발끝으로 자연스럽게 이어질 때 정확한 효과를 기대할 수 있다.

지면에서 올라오는 기력과 몸으로 퍼져 나오는 근력을 버티면서 폭발적인 충돌을 견딘다. 보이지 않는 작은 1%가 엄청난 효과를 만들어 내는 것이다. 미세한 효과가 힘의 완급 조절, 충격 흡수, 안정성 유지에 용왕매진한다.

발의 컨디션이 좋지 않다면 당연히 균형을 잡기 힘들어진다. 지면에서부터 흔들리게 되면, 사격에서 영점이 맞지 않는 것과 마찬가지다. 아무리 잘 쏘려고 해도 과녁을 빗겨 가는 것이다. 골프에서 어느 것 하나 중요하지 않은 것이 없으나, 간혹 연습하는 걸 보면 보이는 부분에 치중해 지면을 지지하는 발의 역할을 간과하는 경우가 있다.

인생도 그렇다. 보이는 것에만 급급해서 정작 챙겨야 할 것들을 잊고 살 때가 많다. 내가 왜 이럴까? 어째서 안 될까? 고민하면서도 들여다봐야 할 문제를 놓치고 있다는 걸 알아채지 못한다. 생각해 보면 중요한 것들은 눈에 잘 보이지 않는다. 공기와 물처럼 없어서는 안 될 것들을 인식하지 못하고 사는 것처럼. 발은 묵묵히 중심을 잡고 균형을 맞춰 에너지를 골고루 분산하는 데 핵심적인 역할을 한다. 그중에서 섬세함을 견지하는 것이 발가락이다. 정작 중요한 것들은 눈에 보이지 않고 잊고 살아간다.

'한 끗'

한 끗이 승패를 결정하는 중요한 요소가 된다. 만약 평행한 철로 중 한쪽이 단 0.1도만 틀어져도 종국에 기차는 탈선하고 말 것이다. 인생의 섬세한 한 끗, 퍼팅 시 미묘한 각 도의 한 끗, 발바닥에 고루 퍼지는 균형 감각의 한 끗. 이 한 끗의 차이가 명품을 만든다.

12

그녀 손의 굳은 살

연습장에 자주 오는 사람 중에 대학교수가 있다. 서울의 모 대학에 재직 중인 그녀는 매사에 열심이다. 프로젝트를 준비하느라 밤새기를 마다치 않으면서도 얼굴은 늘 씩씩한 웃음을 잃지 않을 정도로 긍정적인 사람이었다. 그녀의 자기관리는 놀랍다. 아무리 바쁘고 힘든 스케줄을 보내더라도 결코 연습에 빠지는 일이 없다. 그녀를 보면서 '열심'이란 자기 최대의 에너지를 한 번에 쏟는 게 아니라, 매일 적정한 에너지를 빠짐없이 꾸준히 쓸 수 있는 능력이라는 생각을 하게 된다. 매일 정해진 시간에 꾸준히 출석하는 것, 그 이상의 '열심'이란 없다고 생각한다.

오늘도 어김없이 정해진 시간에 그녀가 연습장을 찾았다.

"교수님. 오랜만입니다."

먼저 인사를 건네며 악수를 청했다. 그녀가 손을 내밀며 밝게 화답했다.

"아! 안녕하세요. 오랜만입니다. 잘 지내셨죠?"

우리는 손을 맞잡은 채 잠시 인사를 나눴다. 가볍게 악수를 나누는데 그녀의 손에서 거친 감촉이 느껴졌다.

그녀의 손바닥에는 외모와 어울리지 않는 굳은살이 박혀 있었다. 굳은살은 몸에 새겨진 시간의 기록이다. 매일 연습을 거듭하더라도 실력이 느는 것을 잘 체감하지 못한다. 뭐든 그렇겠지만, 골프만큼 마음대로 되지 않는 운동도 없다. 더디더라도 오늘도 쉬지 않고 연습장을 찾았다는 그 사실만큼은 달라지지 않는다. 운동할 때 나는 오늘도 연습을 했고, 어제보다 분명 나아지고 있음을 스스로 믿을 수 있어야 한다. 이것을 신념이라고 한다.

골프에서 손은 얼굴이다. 손을 보면 그 사람의 골프 수준을 어느 정도 감지할 수 있다. 굳은살 박힌 손은 예쁜 손이다. 반복을 거듭해서 연습이 만들어 낸 시간의 기록이니까.

손은 골프 그립과 유일하게 접촉하는 곳이다. 손끝으로 이어진 미세한 신경들은 내 마음의 상태를 반영한다. 심장이 필요 이상 흥분하면 손끝은 흔들린다. 실제 그립을 잡는 모습만 봐도 그 사람의 현재 컨디션을 알 수 있다. 그립을 잡는 손에서 여유가 느껴진다면 그날 원하는 기록을 낼 가능성이 높다. 골프를 할 때 힘 빼라는 말을 가장 많이 한다. 모든 스포츠가 그렇겠지만, 힘을 뺄 때 자연스러운 스윙이 나오기 때문이다. 힘을 빼기 위해서는 잔뜩 힘을 들여 치는 과정을 거치지 않을 수 없다. 잘하려는 마음이 앞서고 긴장할수록 몸에 힘이 들어가니 당연하다. 연습을 반복하고 잘못을 인식하고 그것을 하나하나 바로잡아나가면서 경직된 힘도 조금씩 빠져나가는 것이다. 연습은 왜 하는가? 힘을 빼고 가장 자연스러운 동작을 완성하기 위함이다. 가장 자연스러운 것이 가장 잘하는 것이다.

필드에 나가면 유독 그립을 힘껏 움켜잡고 경기를 호전적으로 리드하려는 사람들이 있다. 심리적으로 자신에게 상당한 압박을 가한다. 이런 분과 함께 라운드을 하면 내 마음도 늘 조마조마하다. 골프는 나만 잘해서 되는 운동이 아니다. 그날그날의 컨디션에도 영향을 받지만, 날씨의 상태나 동반자가 누구인가도 컨디션 난조에 한몫을 한다. 따라서 내 마음대로 컨트롤이 안 될 때가 종종 있기 마련이다. 그래서 즐기지 못하고 이기려는 마음이 앞서게 되면 스윙이 끝까지 안정적이기 쉽지 않다. 한 번 틀어지기 시작하면 당황하게 되고, 결국 경기를 망치게 되고 만다. 골프는 4~5시간에 걸친 장기전이다. 시작과 끝을 사람들과 함께하다 보면 결국 평정심을 끝까지 유지한 사람이 자기 게임을 할 수 있다.

그녀의 스윙을 보면서 느끼는 점이 있었다. 반복과 연습을 구분하는 자세. 사람들은 반복과 연습을 같은 개념으로 이해하는데, 운동 능력을 향상시키는 관점에서 봤을 때 반복과 연습은 엄연히 다르다. 한 문장으로 개념을 정리하자면 이렇다. 반복하지 않기 위해서 하는 게 연습이다. 그러니까 매번 스윙을 하더라도 생각을 하라는 것이다. 잘못을 파악하고 수정하는 연습을 통해 반복을 줄여나가려는 노력이 연습의 목적이다.

그녀의 손에 굳은살이 박혀가는 동안 반복된 스윙은 제자리를 잡아갔고, 차츰 궤적이 자기 자리를 찾아가면서 스윙이 아름다워지기 시작했다. 시선은 공에서 떠나지 않았으며 타점 또한 정확했다. 공이 곧장 표적을 향해 아름다운 포물선을 그리며 날아갔다.

한의학에서 사람의 손에는 인체의 오장육부가 들어있다고 한다. 손은 인체의 축소판이라고 해도 과언이 아니다. 골프도 마찬가지다. 손을 보면 어느 정도 그 사람의 골프 성향을 유추해 볼 수 있다. 노력에 따라 얼굴의 관상도 바꾸듯, 골프 또한 노력으로 얼마든지 수상(手相)을 고쳐갈 수 있다.

독일 속담에 '두 손을 사용하는 일은 모두 진심으로 하는 일이다'라는 말이 있다. 과연 우리는 진심을 담아 손을 사용하고 있었는가 생각해 볼 일이다.

13

골프의 시작은 걷기다

마음이 복잡하거나 고민거리들이 있으면 지금 있는 곳을 벗어나서 걷곤 한다. 딱히 해결책을 찾으려 걷는 것이 아니다. 그저 걷다 보면 해결책이 생각나는 경우가 있다.

느리게 걸으면 세상이 흘러가는 속도도 느려진다. 속도를 늦추면 풍경은 넓어지고, 볼 수 있는 풍경은 세밀해진다. 평소 보지 못한 것을 보고 알지 못하던 것들을 깨닫게 되는 것이다.

홀 근처에 공을 보내 놓고 천천히 걸으며 생각한다. 난 천천히 걸으며 사색하는 이 시간을 참 좋아한다.

걷는 모습만 봐도 그 사람의 마음가짐을 알 수 있다. 여러 사람과 걷다 보니 알게 되었다. 이겨야 한다는 마음이 너무 앞서다 보면 불안한 마음이 걸음에 그대로 드러난다. 보폭은 짧아지고 몸은 움츠러들고 시선은 아래위로 혼란스럽다. 그러고 보면 세상에 인간보다 예민한 존재가 있을까 싶다. 감추려 해도 금세 탄로 나고 만다. 요즘 사람들을 보면 하나같이 너무 경직된 채로 사는 게 아닌가 하는 생각을 한다.

자연은 생명의 자궁이라지 않는가. 그래서 우린 자연 앞에서 한없이 넓고 깊은 평안함을 누린다. 골프 코스를 걷다 보면 경기를 떠나 내가 이 안에서 무척 행복해하고 있다는 사실을 깨닫게 된다.

14

복장이 규율과 약속을 드러낸다

'골프웨어' 하면 어떤 것이 떠오르는가. 혹시 형형색색의 바지, 옷깃이 있는 티셔츠, 브랜드 로고가 박힌 셔츠가 떠오르지 않는가.

골프장은 특별한 암호가 필요하다. 바로 드레스 코드다. 골프장을 통과하기 위해 상황에 맞는 옷차림이 필요하다.

경기규칙 제1장 에티켓(etiquette) 조항에 복장의 깔끔함을 강조하고 있다. 골프장은 회원제와 대중 골프장으로 분류되며 회원제 골프장이 차별화를 두기 위해 복장을 규제하기 시작했다. 골프장 회원제는 고가의 회원권을 구입해서 회원 대우를 받고 라운드의 예약이 가능한 혜택이 주어지는 골프장이다.

1744년 리스골프협회를 중심으로 클럽대항전을 하거나 실버컵 대회가 끝난 뒤에는 참석자들이 함께 모여 식사를 할 때는 일정한 유니폼을 착용하도록 했다.

클레이 경은 골프 유니폼에 대해 전환점이 될만한 일을 했다. 그는 세인트앤드루스 골프협회를 세웠다. 이 모임은 1754년 22명의 신사와 함께 시작했는데 클레이 경은 새로운 리더로서 몇 가지 규칙을 제시했다. 그중에 우리가 눈여겨 볼 것은 골프 유니폼에 대한 것이다. 그는 골퍼들에게 유니폼 착용을 권고했고 이를 어길 경우에는 벌금을 부과하기도 했다. 클레이 경이 제안한 유니폼은 당시 여우 사냥용 재킷과 비슷한 것이었다.

동호회 간의 차별화를 위해 복장 규정이 클럽의 멤버 차원에서 만들어지고 제정된 것으로 알려져 있다. 규격화된 모습은 조직의 단결력을 강화하는 게 귀족의 생각이다. 골프는 복장을 엄격하게 규제하는 스포츠다. 복장의 단정함은 회원으로서 자격을 설명하고 계급과 성별을 표현한다. 코스의 신사들은 클럽 하우스를 고급 사교장으로 인식해 경기 복장이 아닌 재킷 착용을 관례화했다. 코스에서 입지 않아도 클럽 하우스에서 재킷 착용 의무제가 생긴 이유이다.

규정된 복장은 사회에서 암묵적 규율을 의미한다. 의류는 상황에 따라 규칙과 기대를 표현하고 중요성을 지닌다. 평상시 입는 옷과 조직의 옷차림은 차이가 있다. 복장은 타인에게 보이는 부분, 보여서는 안 되는 부분을 명시하는 기준이다.

규정된 의상은 엄격하고 불편하다. 활동이 편안해야 능력을 끌어올리는데 복장을 규제하면 경기력 향상을 어렵게 만든다. 여기서 우리는 골프의 역사를 이해할 필요가 있다. 초창기 골프란 엄격한 제도권 내에서 상류층 사회의 규율을 지켜가며 즐겼던 스포츠다. 귀족 사회에서 제복은 상류 사회를 구분 짓는 그들만의 상징이었다. 당시 사회를 선도했던 지식층의 엄격히 정돈된 규율을 상징한 것이 의복문화다.

골프에서도 복장은 중요했고, 그 전통은 현대 골프에서도 어느 정도 지켜지고 있다. 골프를 단순히 스포츠로만 보는 입장에서는 복장이 뭐 그리 중요하냐 말할 수도 있다. 잘못된 생각이라 말하고 싶지는 않다. 시대가 바뀌면 그에 따라 문화가 바뀌는 것은 자연스럽다. 하지만, 골프는 스포츠이면서 스포츠만이 아니라는 건, 누구나 동의하리라 본다. 단순히 스포츠만이 아니라면 무엇인가? 예의의 스포츠이자, 관계의 스포츠다. 골프에 대해서만 이러한 인식이 여전히 강하게 자리 잡고 있는 데는 이유가 있을 것이다. 매너가 골프를 만들고, 골프가 매너를 만든다는 사실을 골퍼들은 잘 알고 있다. 이러한 매너를 갖춘 태도가 내 삶에 비즈니스와 아름다운 인간관계를 만들어가는 데 도움이 된다는 걸 알기 때문이다.

시대 변화에 따라 복장도 변해야 한다는 생각에는 동의한다.

기존 세대와 현 세대의 골프 옷을 입는 관점은 다르다. 시대의 감흥, 표현, 취향의 반영으로 옷의 형태가 달라졌다. 남성에게도 반바지를 한시적으로 허용하고, 여성의 복장은 감각적이고 파격적으로 변했다. 그 점은 옳다고 본다. 하지만 기본적인 예절과 규율 자체를 무시하고 망각하는 경향이 있다. 시대가 변하더라도 골프가 가지고 있는 본질을 파괴해서는 안 된다.

누구도 이 점에 대해 이야기하지 않는다. 골프의 근본은 규율, 질서, 규칙이다. 이 토대를 단단히 해야 인간의 마음을 사로잡는다. 즐겁고 행복한 골프는 본질을 지켜야 영원히 남는다. 돈이 있는 사람의 유희 활동이 아닌 근사하고 우아한 아름다운 골프여야 한다. 그 안에 규율과 제도가 있다는 것을 잊어서는 안 된다.

15

골프, 인문이 도움이 될까

인문학이 골프 실력에 도움을 준다면 믿겠는가? 믿음을 떠나 실력 향상에 도움을 받는다면 마다할 이유가 없다. 왜냐하면 그만큼 골프는 어렵기 때문이다. 인문학이 무엇인가? 문학, 철학, 미학, 역사학, 인류학, 심리학, 언어학, 고고학 등 인간을 내용으로 하는 학문이다. 즉 사람이 학문의 대상이다.

인생은 사람이 태어나면서부터 시작되고, 사람은 학습하며 발전한다. 골프도 사람이 한다. 또 지식이 존재하고 경험의 합으로 뭉쳐 탐구하는 학문이다. 골프는 사람이 행동하고 마음의 이해가 필요한 스포츠다. 본질은 사람이다. 그래서 골프는 학(學)이고, 인문학 자체라고 말하는 지점이다.

'골프' 하면 연상되는 단어 중 하나가 마음이다. 골프에서 경쟁은 마음에 근심, 불안, 절망, 흥분, 용기 등 보이지 않는 대상들을 만들어 낸다. 기술의 향상만으로 이 부분을 단련시킬 수 없다. 인간의 본질을 이해하며 역경을 헤쳐 나가야 한다는 말이다.

나는 골프장에서 다양한 사람과 접한다. 이 시간에 경제, 정치, 문화, 철학, 인생에 다양한 주제를 듣는다. 지식과 안목을 넓히고 편협한 시각에서 벗어나 사고의 힘을 길러주는 시간이다. 인생에서 경험할 수 없는 부분, 지각 못 하는 관념적 요인을 선명하게 해준다. 골프는 기술과 사람에 대한 이해와 학습으로 결합된다. 체력과 정신이 가미 된 인문학의 총체인 것이다.

골프 연습 과정은 기술적인 능력만 향상시키는 것이 아니다. 연습의 과정은 지루하고 고통이 뒤따른다. 과정 중에 자신의 내면을 켜켜이 쌓아 튼튼하게 다지는 시기이기도 하다. 중요한 승부처에서 경기력만으로 판가름 나지 않는 이유다. 연습 과정을 통해 안목, 통찰, 인내, 습관 등 사람의 마음을 견고하게 구축한다. 골프 연습 과정은 기술향상과 더불어 마음을 얻어야 한다는 결론이다.

골프의 단련은 몸과 마음을 튼튼하게 만들어 탁월한 인생으로 성장하게 한다. 즉 몸을 활용해 축적된 지식과 기술로 삶을 궁리하는 도구로 적용해간다. 결국 골프가 인문학이고 인문학이 골프다.

16

얼굴이라는 가면을 쓰다

H는 호감형 외모에 유머까지 겸비한 사업가다. 그는 클럽 하우스를 찾을 때면 항상 정장 차림으로 들어섰다. 줄곧 먼저 사람들에게 다가가 스스럼없이 인사하고 친근하게 대하니 그를 싫어하는 사람은 없다. 여기까지의 모습은 누구나 좋아할 만한 모습이다. 하지만, 딱 거기까지다.

그는 클럽을 잡으면 180도 변한다. "이번 홀이 조금 어렵네. 다들 많이 쳐서 힘드니 모두 파(par)로 적어줘"라며 은근슬쩍 기록을 조작하는 것은 물론 경기에서도 불같은 승부욕을 보이며 자신의 스윙이 잘 되면 상대방이 옆에 있건 없건 신경 쓰지 않고 큰소리로 좋아하기까지 한다. 그로 인해 종종 민망한 상황이 연출되기도 한다. 한 마디로 조금 '불편한' 사람이 되어버린다. 평소에 드러나지 않았던 진짜 모습이 골프를 통해 드러나는 순간이다.

우리는 학교, 가정, 직장 등 다양한 역할을 수행한다. 모임과 역할에 따라 가면을 바꿔가며 집단 사이에서 균형을 유지한다. 다양한 가면이 모여 타인에게 평가받는 자아가 만들어진다. 사회적 동물인 인간은 자신의 본성을 숨기기 위해 속내를 숨기고 약점을 노출하는 것을 꺼려 멀티 페르소나(Multi-persona), 즉 다양한 인격을 가진다. 만약 내가 하고 싶은 대로 모든 것을 해버린다면 집단으로부터 멀어지고 사회 구성원으로서 기능을 상실할 것은 뻔한 일이다.

타자가 나를 멀리하고 무시한다고 느낄 때 자존감이 떨어지게 마련이다. 자존감이 약해질수록 가면을 한 꺼풀 쓰게 된다. 그럴수록 현실과 멀어지는 괴리감으로 인해 삶은 무겁게만 느껴진다. 자신의 정체성을 잃기 시작하고 어떻게든 그들보다 우위에 있기 위해 규범에 어긋나는 행동도 서슴지 않는다.

가면을 쓰고 살아가는 삶이 나쁜 것만은 아니다. 환경이나 상황에 따라서 자신의 성격을 그대로 드러낼 필요는 없다. 우리는 누구를 만나는지에 따라 가면을 바꿔 쓴다. 인간의 다양한 페르소나는 자신이 처한 상황에 맞게 다양한 모습을 연출함으로써 관계를 회복하고 유지하는 데 도움이 된다. 가짜 가면이 아니라 또 다른 진실의 가면인 것이다.

성공은 결코 타인이 인정하는 학력을 쌓거나 인맥을 구축하는

데 있는 것이 아니다. 자신만의 정체성을 확립하고 진정한 실력을 쌓기 위해 노력하면, 자신의 진면목을 숨길 필요도 없고 다른 사람의 눈치를 볼 필요도 없다. 그러면 가면 속의 내가 아니라, 진실한 나를 찾을 수 있다.

17

완벽은 없다

"모든 일에 완벽을 목표로 삼는 예술가는 무엇도 제대로 해내지 못한다."
외젠 들라크루아(Eugene Delacroix)

'나는 검붉은 석양이 내려앉은 컴컴한 저녁 골프 연습장 한쪽 구석에 있다. 마치 무사가 신기의 칼부림을 익히듯 부단히 노력하는 자신을 바라본다. 깊은 내면에서 완벽을 갈구하고 시도하지만 결국 적당한 길을 선택하고 돌아서는 나를 발견한다.'

2014년 7월 어느 더운 여름

모든 인간은 정복하고 싶은 욕망이 있다. 골프를 정복하고 싶은 마음이 드는 것을 보니 나도 어쩔 수 없는 인간이다. 클럽을 뽑아 달려들어 정복을 다짐하며 타석에 들어서지만 생각처럼 되지 않는다. 어떤 사람들은 단기 속성을 통해 마스터하겠다고 한다. 정직한 노력과 반복을 통한 경험이 아니라 얄팍한 기술에만 관심을 둔다.

서로 원하는 것이 같아도 사람마다 개별적인 특성과 조건이 다르면 그것을 얻는 방식도 다르다. 자신에게 맞는 방식을 찾는 것이 중요하다. 100%는 없다. 그것은 허상에 가까울 뿐 완벽하진 않다. 완벽하려면 내려놓는 것이 더 올바른 방법일 것이다.

완벽한 스윙이란 무엇인가? 정해진 답이 있다면 누구나 완벽한 스윙에 도달할 것이다. 인간의 체격과 성격이 다르듯이 스윙도 차이가 있다. 사람들이 추구하는 완벽한 스윙은 각자가 도달해야 할 이상향이고 그 지점은 누구나 다르다. 완벽한 스윙은 있을 수 없다. 완벽을 바란다면 신을 만나러 가야 할 것이다.

프로들이 매일 연습하는 이유는 이상에 도달하고자 하고 완벽을 추구하지만 완벽해질 수 없는 한계가 있어서다. 인간에게 완벽이란 도달할 수 있는 최종 목표 지점이 아니라 도달하고픈 최종 목표 지점이다.

우리는 이상을 추구하는 과정에서 변증법적인 방식으로 성장해간다. 완벽한 스윙을 시도하고 문제를 발견하고 취하고 완벽한 스윙을 배움으로써 보다 향상된 자신으로 진보한다. 3단계 과정을 거쳐 한 단계씩 밟아 나아간다. 어제보다 성장하고 최소한 현재보다 진화한 자신을 추구한다. 하루의 반복은 이상향으로 가까워지는 존재로서 발견해 나간다.

다시 한번 묻겠다. 골프에서 '정복'이 가능할까?

18

오래도록 짙게 남은 결

좋은 스윙이란 일관된 궤적과 타점을 만드는 스윙이다. 이때 스윙의 일정한 '결'을 활용해 볼과 클럽 면(face)의 타점에 정확하게 일치하는 것을 '임팩트'라 한다. 골프의 임팩트 구간은 노력의 산물이 혼합된 지점으로 클럽 페이스와 볼을 연계시키기 위해 클럽을 당기는 끈기가 필요하다. 스윙의 정점에서 일정한 궤적의 결을 만들기 위해 팔과 다리 그리고 허리를 이용한다. 모든 과정의 정점에는 위치에너지가 있다.

골프는 '결'의 총합이다. 돌아가는 허리의 결, 스윙하는 팔의 궤적, 날아가는 공의 모든 행위는 정확한 결의 방향을 통한 결정체의 총합이다. 결은 스윙의 과정에서 존재하고 빛난다.

나무, 돌, 살갗에서 굳고 무른 부분이 모여 일정하게 생겨난 모양을 '결'이라고 한다. 만물이 성장의 속도에 따라 저마다의 결을 갖는데 나무의 나이테 또한 일종의 결을 의미한다. 나무가 거꾸로 줄어들거나 물의 파동이 안쪽을 향하지 않듯 우리 삶에는 당연한 것들이 있다.

인간의 '결'은 수많은 반복과 실패, 극복으로 만들어진다. 혼이 깃든 '결'은 올바른 길만 제시하지 않고 고통의 숨결도 함께 수반한다. 그렇게 완성이 된 '결'은 한 사람만의 '정체성'이 된다. 골프 그립의 '결'은 노력의 과정이요, 자신을 단련시킨 손의 흔적이다.

'결'은 다양한 형태가 시간을 거쳐 자신의 무늬를 갖는다. 하나의 결이 만들어지는 과정은 풍파는 있지만 난관을 뚫는 행복함을 만든다. 즉 행복한 삶을 영위한 것이다. 인간은 결을 따르면 자연의 섭리에 일치를 느낀다. 바람을 거슬러 가면 역풍이고 따르면 순풍이다. 물도 반대 물결로 올라가면 힘이 든다. 세상 이치에 순서가 정해진 이유는 결국 '결'을 따른다는 말이다.

19

일을 발견하는 사람

"에이, 그거야 그 사람은 골프가 업(業)이기 때문이잖아요."

그는 연습 벌레다. 24시간을 쪼개서 치밀하게 시간을 활용한다. 개인 연습 시간, 레슨 시간, 심지어 TV 보는 시간까지.

그런 그를 보며 사람들은 반문한다. 그는 직업이 골퍼라 열심히 하는 것이 당연한 것 아니냐고. 맞는 말이다. 직업이 골퍼이기 때문에 골프에 매진하는 것은 당연하다. 하지만 이 지점에서 생각해 봐야 할 것이 있다.

나는 과연 내가 하는 일에 그토록 매진하고 있는가. 일하는 도중 다른 생각을 하지 않고 일이 더 잘 될 수 있는지 고민하는가? 아니면 그저 매달 주어지는 월급을 바라보며 하루를 보내는가. 일에 집중하면 깊이가 생기고 타인에 비해 앞선 존재가 된다. 직장에서 '9 to 6'를 반복하는 당신은 어떤 모습일지 한 번쯤 생각해 볼 문제다.

일의 성숙은 '무엇을 하는가'가 아닌 '어떻게 할 것인가'에 중점을 두는 것이다. 이외수 작가는 무슨 직업이든 상위 10% 안에 들면 존경받을 만하다고 했다. 접시를 닦건 재봉틀을 돌리건 자기만의 숙련된 일의 방식을 가진 사람은 존경받기 마련이다. 과연 인간은 무엇으로 자신의 존재를 확신할 수 있는가? 일의 동기는 매달 들어오는 노동의 대가인 월급을 통해 찾지만, 일의 기쁨은 매순간 자신을 알아주는 사회의 인정을 통해 채울 수 있다.

기계처럼 일을 수행하는 사람이 있고, 일을 발견하고 찾아서 하는 사람이 있다. 후자의 경우는 일을 잘하기 위해 자신과 주변의 문제를 발견하고 해결하려고 한다. 자기만의 창의적인 시도를 게을리하지 않는 사람이다. 그런 사람은 일에 대한 몰입도가 높다. 일을 발견하는 사람은 의미를 찾고 동기부여를 하여 주변에는 언제나 흥과 여유로움이 흐른다.

일을 발견하기 위해서는 동기가 있어야 한다. 억지로 만드는 것이 아닌 자신의 일을 진정으로 사랑하고 타인에게 인정받는 위치에 오르고자 하는 순수한 자아실현의 차원이어야 한다. 자신이 하는 일이 어느 날, 감동으로 다가올 수 있어야 한다. 순수한 열정으로 빚어낸 노력의 시간만큼 가슴 뭉클한 것도 없다.

"와, 진짜 실력이 좋으십니다. 어떻게 하면 그렇게 잘할 수 있습니까?"

지인 중 골프 구력이 16년 된 사람이 있다. 그는 잘한다는 말에 고개를 절레절레 흔들며 말했다.

"아휴, 아닙니다. 이 골프라는 게 말입니다. 배우면 배울수록 끝이 없어요. 오늘은 이것만 잘되면 완벽하다 생각했는데 내일이 되면 또 부족한 것이 생겨요. 아마 죽을 때까지 만족하는 순간이 오지 않을 것 같아요. 그럴 땐 그저 오늘에 충실하고 내일 같은 실수를 반복하지 않으려는 마음이 더 중요한 것 같습니다."

골프는 계속하면 할수록 보이는 것이 많아져 오히려 자신은 작아 보이게 만든다. 이것이 그가 겸손한 이유이다. 몸을 낮춘 사람은 골프를 지속할 수 있고 스스로를 성장시킬 수 있다.

20

루틴의 습관

"신발 끈을 왼쪽부터 맨 적이 없습니다. 끈을 묶는 것도 저만의 규칙이 있습니다."

전 농구선수 서장훈이 방송에 나와서 한 이야기다. 결벽에 가까운 그의 행동 하나하나엔 의미가 있었다. 스스로를 독려하기 위한 행동들이 하나씩 생기다 보니 지울 수 없는 습관처럼 굳어졌다는 그의 말에 그가 그간 얼마나 많은 압박을 받았는지 짐작이 되고도 남았다.

나도 마찬가지다. 항상 스윙 전, 목표 지점을 3초간 바라보고 스윙 연습을 2번 한다. 그러면 보통 때보다 샷이 더 정교하고 멀리 날아간다. 자신만의 고유한 과정은 흔들림, 불안으로부터 자신을 지키는 행동이다. 자신에게 암시를 거는 동시에 집중력을 높인다.

직장인은 업무 전 책상 주위를 깨끗하게 청소를 하거나, 어떤 사람은 잠에서 깨자마자 물을 마시거나, 명상을 하거나 자신만의 행동을 취한다. 자신의 행동을 습관처럼 하는 일정한 절차이다. 이것을 루틴(routine)이라고 말하는데, 규칙을 만들고 자신의 순서를 결정하는 힘이다. 그 속뜻은 감정의 동요를 방지하고 나만의 가치와 일의 순서를 결정하며 실천을 습관으로 만드는 원동력이다.

스포츠에서 루틴은 최상의 운동 수행을 위해 반복하는 고유한 동작과 절차대로 움직이는 것을 말한다. 루틴은 집중력을 향상시키고, 자신을 점검하는 훌륭한 수단이다. 집중력 향상은 불필요한 에너지를 덜어줘 경기에서 방황하지 않게 한다. 아침 식사를 거르지 않고 하는 경기에 임하는 선수가 있다. 식사도 중요하지만 정해진 루틴을 지켜 자신을 점검하고 수준을 높여나가는 과정인 것이다. 운동선수가 끊임없이 루틴을 지키는 이유이다.

루틴은 인생에서 가치와 순서를 결정하는데, 이를 통해 삶의 설계가 가능하다. 만약 골프가 경제 효용 가치의 필요성이 있다면 어떻게 배치해서 활용할지 고민해야 한다. 골프가 인생을 디자인하는 데 있어 성장과 의미와 유용성을 준다면 우선 배치시켜야 한다는 것이다. 못하는 이유는 골프의 진가를 알아보지 못하기 때문이다. 가치의 기준과 총량의 시간을 투입해야 하는 것이다. 가치와 순서의 결정은 곧 시간으로 보상된다. 그 보상의 시간은 결국 자신에게 환원되어 자신에게 투자로 이어져 성장을 이룰 수 있다.

루틴은 지속적으로 실천하기가 어렵다. 습관을 만들어 규칙과 반복에 의해 일어나는 것이다. 시작한 후부터 지난한 과정을 버텨야 한다. 플라이 휠(스스로 돌아가는 시스템이다. 처음 추진력을 얻기까지 힘들지만 가속도가 붙기 시작하면 끊임없이 성장한다) 효과와 같다. 기차의 큰 바퀴가 돌아가려면 많은 힘이 필요하고 오래 걸린다. 하지만 가속이 붙으면 알아서 돌아가는 선순환이 성립된다. 루틴을 만들고, 루틴은 습관이 되고, 습관은 생활이 된다. 루틴은 새로운 행동을 익숙한 습관처럼 만들어 준다.

루틴은 꾸준히 반복하고 규칙을 찾는 것이 관건이다. 루틴이 정착되는 과정은 기다림의 과정이다. 루틴에 투자한 시간만큼 비례해 삶에 긍정적인 가치가 발현될 것이다.

21

마스터는 없다

삶에 완벽이 있다고 생각하는가? 우리는 배움에 있어 완전한 끝을 보고 싶어 한다. 외국어, 글쓰기, 운동, 요리에서 완벽하게 통달하는 일 말이다. 하지만 학습이나 일을 완벽히 숙달하기란 어렵다. 몇 년 외국에 살고 공부했다고 외국인처럼 말하는 것은 아니다. 또 작가라고 숙달된 글쓰기를 하고 있는가? 작가들은 어떠한 지점을 향해 쓰고 있을 뿐이지 완전한 목표를 위해 쓰지 않는다.

골프 동작도 끊어서 단계별로 완전한 마스터를 이루려고 한다. 완벽한 숙달을 바라는 것은 하나의 스윙을 이루기 위한 방해요소다. 골프 스윙은 유기적으로 일관된 습성을 이루고자 함이다.

머릿속 생각을 몸으로 구현할 때, 사소한 움직임 하나가 우리를 배신한다. 몸의 부위별로 힘의 이동을 유심히 관찰하고 전이 과정을 머릿속에 새긴다. 스윙의 일체화는 유기적인 연결에 의해 뻗어

나갈 수 있을 때까지 내 몸을 직관하는 습관을 들여야 한다. 습관은 기술을 담아내는 마음의 형태다.

반복의 지점에서 보자면 직접적으로 받아들이는 습성은 누구나 할 수 있는 단순한 행동 같지만 결코 그렇지 않다. 서예를 해본 경험이 있다면 잘 알 것이다. 붓을 쥐어 주고 써보라고 하면 내 마음대로 글씨가 써지지 않는다. 붓을 쥔 손의 강약에 따라, 팔꿈치의 높낮이에 따라, 허리의 경직과 이완에 따라, 글씨는 시시각각 형태를 바꾸며 종이 위에 드러난다. 같은 동작을 수천수만 번 반복하는 것은 자기만의 리듬, 자기만의 강약, 자기만의 자세를 찾고 이해하기 위한 필수 불가결한 요소이다.

골퍼의 손도 마찬가지로 수천수만 번 같은 동작을 되풀이하면서 단련된다. 골퍼는 바람을 온몸으로 읽는다. 시각에만 의존하는 것이 아니라, 오감의 날을 세워 필드에 오를 때 그는 골프를 제대로 이해하는 사람이 된다. 목표를 벗어났을 때의 조급함은 습관의 힘 앞에 무력해진다. 습관을 통해 위기의 순간에도 냉정한 플레이가 가능한 것이다. 골프는 잘 치는 것 이상으로, 위기관리가 중요한 스포츠다. 무력해질 수 있는 상황에서 스스로를 구해낼 수 있는 이성적인 판단과 차분한 결단이 필요하다.

습관이 기술을 초월하면 스윙을 의식하지 않는 순간이 찾아온다. 찰나의 순간에는 오로지 클럽과 볼, 그리고 자신만이 존재하게 된다. 여백의 창공을 찢고 날아가는 볼은 눈앞의 의지로 만든 것이 아니라, 오랜 시간 반복해온 내 몸의 기억이 만든 것이다. 두 눈은 목표 지점을 향해 날아가는 볼을 쫓는 것 말고는 할 수 있는 게 없다. 그 순간 점차 벌어지며 아득해지는 나와 볼 사이 간격에서 '지금, 골프를 하고 있는' 진정한 실존의 체험을 하게 된다.

찰나의 스윙을 위해 긴 시간 보내야 할 인내의 과정을 즐길 수 있을 때 당신은 골프의 진정한 맛을 알게 된 것이다. 골프는 귀족이 하는 스포츠가 아니다. 이것을 제대로 받아들일 때, 골프가 당신의 삶을 귀하게 만들 것이다.

22

존중받고 싶으면 서로 존중하라

골프장, 어떤 마음을 가지고 가는가? 골프는 무엇보다 상대를 만나서 관계를 맺는 것이다. 골프의 장점은 자연스럽게 인간관계를 형성한다는 것이다. 하지만 동반자가 내 생각과 다른 행동을 보인다면 당혹스럽다.

어느 날 지인이 골프에 한 남성을 동행했다. 그가 지인을 소개할 때 볼도 잘 치고, 예의 바르다고 칭찬했다. 나 또한 그의 푸근한 인상이 좋아 보였고 나이대도 비슷해 친밀감이 빨리 생기는 듯했다.

그러던 중 한쪽에서 신경질적인 소리가 들렸다. 오늘 동행한 예의가 바른 그였다. 뭔가 잘 안 풀리는 듯 그의 표정이 좋지 않았다. 대뜸 캐디에게 신경질적인 어투로 내뱉었다.

"야! 여기 7번 좀 갖다 줘! 느려 터져가지고."

그는 그린에 올라와서도 "여기 그린 경사 왼쪽이 높아? 맞아?" 무례한 말투다. 퍼팅을 하고 난 후 "안 들어갔잖아. 아이 씨! 너 경력이 어떻게 되느냐? 이것 밖에 못해. 돈 받고 하는데 제대로 해라." 이렇게 분풀이를 쏟아 붓는 것이다. 또한 그린에서 볼이 멈추지도 않았는데 볼을 집어 올린다. 예의뿐만 아니라 규칙 또한 지키지 않는 모습이었다. 그가 지불한 비용은 몰상식한 태도의 대가성 지불이 아니다. 소개와는 전혀 다른 모습에 혼란스러웠다.

골프의 장점 중 하나는 긴 경기 시간이다. 다섯 시간 동안 상대방과 함께 공을 치다 보면 은연중 자신도 모르게 나오는 성격을 파악할 수 있다. 경기가 잘 풀리지 않을 때 상대방의 반응을 살펴보면 대략 그의 성격을 짐작할 수 있다.

기본적으로 골퍼는 넓은 마음을 가졌으면 좋겠다. '갑'의 자세가 아닌 동등한 자세로 말이다. 캐디에게 따듯한 말로 배려하면 상대도 충분히 그 마음을 느낀다. 잘못된 샷에서 캐디는 마음을 드러낸다. 아쉬워하고, 격려해주고, 잘하기를 바라는 마음을 말이다. 서로 위하는 모습을 보고 있는 동반자는 어떤 마음일까? 당신의 평가를 골프 샷이 아닌 행동을 통해 본다. 타인에 대한 배려, 존중, 협력, 공감하는 마음을 말이다. 비즈니스와 관계에 무엇이 더 필요하겠는가.

굳이 당신의 제품, 서비스 품목을 상대에게 자질구레하게 설명할 필요가 없다. 왜? 당신의 행동에서 믿음을 얻었기 때문이다. 올바르게 골프를 해야 하는 이유가 온전히 드러나게 된다. 하지만 경솔하고 무례하게 대면한다면 파트너는 나와의 관계를 다시 재정립하게 된다. 그 사람의 본질을 파악하게 되고 관계의 고리를 끊는다. 서로가 존중받기 위해서는 먼저 상대방을 존중해야 한다.

23

답은 의외의 곳에 있을 수 있다

"잘 지내고 있지? 오늘 골프 살살 쳐라! 요즘 골프가 안 맞아!"

M과 인사를 나누는데 술 냄새가 진동을 했다. 어제 늦게까지 회식 자리에 있었던 모양이다. 전날 술자리가 늦게 끝나도 항상 그는 제시간에 나타났다. 바쁜 사회생활 속에도 골프를 치는 그가 대단했고 한편으로는 안쓰러웠다.

그날 플레이가 잘 될 리는 만무했다. 경기 내내 볼의 정확도가 떨어졌다. 그는 결국 볼멘소리를 했다.

"연습을 열심히 하는데 왜 이렇게 안 맞는 거야?"

그는 결국 "내가 기초가 부족해서 그래" 이렇게 스스로 위로

하고 경기를 마감했다.

M은 골프 라운드 전날 새벽에 도착해서 주차장에서 잠을 잤다. 또는 밤새 술자리가 있으면 대리운전을 이용해 오는 경우도 종종 있었다. 약속에 늦지 않기 위한 태도이지만 그날 같이 운동해야 하는 동반자에게는 실례다. 사업상 술자리를 할 수 있지만, 다음 날 약속이 있다면 스스로 조절하는 절제도 익혀야 한다. 그를 얼마간 관찰해보니 체력이 눈에 띄게 좋지 않았다. 조금만 걸어도 호흡이 거칠어졌고 거친 호흡으로 클럽을 잡으니 몸이 흔들렸다. 당연히 정확한 임팩트를 주기 어려웠고 결과는 늘 OB(위원회가 지정한 코스에서 벗어나는 모든 지역을 말한다. 표시는 흰색 말뚝이며 밖으로 나가면 Out of bounds라 한다)였다. 나는 그에게 체력을 기를 것을 조심스럽게 제안했다. 하지만 그는 체력은 자신 있다며 다시 자신의 기초를 의심했다. 사실 기초도 체력이 뒷받침되어야 하는데 말이다.

인생이나 운동이 풀리지 않으면 기술이 아니라 기본 체력을 점검해야 한다. 잘 자고 잘 먹고 잘 쉬어야 한다는 뜻이다. 당연한 말처럼 들릴지 모르겠지만 체력의 밑바탕이 없는데 무슨 기술과 정신이 필요하겠는가? 당신이 골프를 잘 치고 싶다면 전날 일찍 자고, 음주하지 말고, 음식을 골고루 섭취해야 한다. 내 몸을 최상으로 만들어야 한다. 스포츠에서 최상의 기술을 발현하기 위해서는 최상의 체력이 필요하다는 말과 같다. 최상의 체력을 만드는 일은 근육을 증가시키는 것이 아니다. 자신이 살아가면서 삶의 질을 향상시키는 기초 체력이다. 인간의 가장 기초적인 출발점이고 중요한 요인인데 그것을 배제하고 골프를 잘하겠다는 게 말이 되는가.

힘든 일을 겪을 때 뜻밖의 곳에서 문제를 해결하기도 한다. 우리 주위에 있던 해결방법을 인지하지 못했을 뿐이다. 기본이 어디인지 정확하게 인지하고 찾아가야 한다. 다른 부분을 긁어봐야 여전히 가렵기는 마찬가지다. 인생에서 '기본만 해'라는 말을 들어봤을 것이다. 그동안 일상생활에서 가장 중요한 기본이 무엇인지 생각하는 것을 잊고 있지 않았나 생각해 본다.

24

자신의 삶을 주도하라 (자기결정)

골프 클럽의 3, 4번 우드를 들어보셨나요? 그럼, 클럽 4분의 3을 들어 본 적은 많지 않을 것이다. 4분의 3번 우드는 3번과 4번의 중간 클럽이었다. 클럽 선택에 고민을 풀기 위한 방편이었지만 오래가지 못했다. 클럽을 고르는 일뿐만 아니라 선택은 인생의 영원한 숙제다. 삶의 고민을 해결하는 일은 선택의 연속이다. 우리는 항상 갈림길에 서 있다.

골프장 Par 3는 거리가 짧아 그린까지 확 트인 뷰가 일품이다. 이 풍광을 통한 눈의 즐거움이 마음의 편안함으로 연결된다. 하지만 Par 3는 시작부터 고민을 던져준다. 클럽 선택 때문이다. 캐디에게 묻고, 거리측정기로 재차 확인한다. 그럴수록 클럽 선택은 미궁으로 빠져든다. Par 4, Par 5는 특별히 고민할 필요가 없다. 캐디가 드라이버를 주면 치면 된다. 이때 골퍼는 가장 행복해 한다.

왜냐하면 힘들게 자신이 결정하지 않아도 되기 때문이다.

다양하고 많은 정보는 홀을 공략하려고 할 때 어려움을 가중시킨다. 즉 물 위치, 모래, 바람, 그린의 높낮이, 잔디 상태, 핀 위치 등이다. 선택의 어려움에서 골퍼는 정확하게 몇 번 클럽으로 치라고 알려주면 좋겠다고 말한다. 골프 규칙은 클럽을 14개로 제한한다. 과연 클럽이 많다고 점수가 좋을까? 다양한 클럽의 개수는 선택과 결정의 어려움만 초래한다. 선택지가 많다고 상황이 좋아지는 것이 아니다.

오히려 선택지가 다양할수록 잘못된 선택을 할 확률이 높아진다. 선택을 하더라도 자신이 만족할 만한 결과가 나오지 않으면 나중에는 선택을 회피하게 된다. 인생에서 무언가를 결정하는 데 어려움을 겪고 있다는 증거이다. 오죽하면 예전에 어떤 음식점의 메뉴가 '아무거나'가 생길 정도이다. 결정 앞에서 머뭇거리는 것은 당신만의 문제가 아니라 인간이면 누구나 비슷하게 겪는다.

문제를 해결하는 방법은 자신의 삶을 단순하고 간결하게 바꿔보는 것이다. 실천이 어렵다면 선택지를 줄여야 한다. 골프 경기 때 3, 4개의 클럽으로 경기해보면 안다. 과연 3, 4개 클럽으로 경기가 가능한지 의구심이 든다. 하지만 자신이 믿는 클럽을 선택해 사용하면 점수는 원래와 비슷하거나 더 좋은 성적이 나온다. 경험에서 나온 결과이니 실천해 보면 선택하는 데 도움을 얻는다.

필드에서 모든 결정은 자신이 한다. 물론 조력자가 있지만 참고의 수준이지 모든 몫은 자신이다. 코스 탐험이 시작되면 넓고 푸른 잔디에서 억센 풀, 모래와 물을 피해 종착점으로 가기 위해 다양한 선택을 한다. 드라이버와 3번 우드를 결정해야 하고 7번, 8번 아이언을 두고 결정해야 한다. 그린에 올라가면 경사가 오른쪽, 왼쪽인지 고민하고 스피드도 빠름과 느림을 선택하는 상황이 벌어진다. 모든 상황을 자신이 책임지게 되므로 결정하는 힘이 생기고 설령 실수하더라도 배우게 되고 자신감을 가진다. 처음부터 내가 주인이고 자기 결정력이 필요한 스포츠이다.

자신의 욕망과 욕심을 덜어내 절제를 통해 비워나간다. “이 정도면 괜찮아, 기대치를 낮추거나, 주변에 관심을 덜 기울이면” 최고의 만족감을 얻어내는 것이다. 선택 항목이 줄어들고 결정하는 데 있어 단순, 명료함이 생긴다.

모든 결정은 스스로 하고 책임도 100% 나의 몫이다. 결과를 바꾸고 싶다면 선택 항목을 줄이는 절제가 필요하다. 이 행동이 자신의 삶을 윤택하게 하고 어떤 일을 해야 가치를 추구하는지 알려 준다.

25

20만 원의 가치

보통 라운드 한 번에 20만 원 정도 소요된다. 20만 원은 많을까? 적을까? 사람마다 생각의 차이가 있을 것이다. 그러나 20만 원이 의미 있고 가치 있게 사용되어 그 이상을 얻게 된다면 금액이 많다고 불평만 하는 것은 무리가 있어 보인다. 사실 적은 금액은 아니지만, 그 이상의 결과를 얻을 수 있는 스포츠가 골프다. 한 라운드에 대략 5시간 정도가 소요된다는 점을 감안하면 한 시간에 4만 원 정도 든다고 볼 수 있다. 무언가를 배울 때 지불하는 비용치곤 비싸지 않은 금액이다.

골프가 주는 가장 큰 가치 중 하나는 '그들의 문화'를 공유할 수 있다는 것이다. 골프는 진실된 인간관계를 위한 가치 있는 도구다. 골프를 치는 사람 중 자신이 속한 분야에서 성실하게 오랫동안 일한 사람을 많이 볼 수 있다. 그런 전문가를 가장 편안하면서도 격식 있게 만날 수 있는 것이 골프다. 인간관계의 연결과 확장을 위해 골프만 한 게 없다.

그들과 5시간 동안 함께 있으며 많은 분야의 대화를 나눈다. 삶을 대하는 태도와 인성, 골프의 규칙을 정확히 지키는 이유, 세계 경제와 역사 흐름과 인생 경험을 배운다. 그 안에서 다양한 생각이 오고 간다. 공유되는 시간 동안 비즈니스 기회는 자연스럽게 생긴다.

인생에서 배울 수 있고 자신의 성장에 깨달음과 본받을 사람과 의지를 갖고 교양 있고 지적인 사람과 어울려야 한다. 골프만 잘 치는 사람을 좇을 게 아니라, 훌륭한 인품과 배움이 있는 사람을 선택해 어울려라. 그들과 같은 그룹에 속해 경기를 하라. 그러면 자기 자신도 모르는 사이에 거기에 녹아드는 한편, 자연스럽게 성장할 수 있을 것이다.

당신이 투자한 20만 원이 어쩌면 200만 원, 2,000만 원이 되어 돌아올 수 있는 것이 골프다. 너무 속물 같다고? 그러한 기회를 살리는 것도 능력이다.

26

겸손하면 공을 멀리 보낼 수 있다

"욕심을 버렸어!"

우리가 일상생활에서 흔히 듣는 이 말, 골프에서 듣는다면 아마 그 뜻은 '거리'에 대한 욕심을 버렸다는 말일 것이다. 이것은 두 가지 의미를 내포하곤 하는데 첫째는 이미 오랜 경험으로 인해 절제가 가능한 상태를 말한다. 요컨대 골프에 득도한 사람인 것이다. 둘째는 자기변명이다. 거리가 나오지 않기 때문에 에둘러 표현하는 것이다.

첫 번째는 오랜 세월에 따른 결과라 치고 두 번째는 생각이 조금 필요하다. 욕심은 쉽게 버릴 수 없다. 부족하면 갖고 싶은 것이 인간의 본능이기 때문이다. 골프에서 공을 멀리 보내고 싶은 욕구는 쉽게 버릴 수 없다. 거리는 상대보다 우월하게 보이기 때문이다. 그러다 결국 “부드럽게 치면 세게 치는 것보다 멀리 나간다”라는 이상한 말로 골퍼를 현혹시킨다.

세게 쳐야 공이 멀리 나가는 것은 당연하다. 골프에서 부드럽게 친다는 것은 ‘느낌’일 뿐이다. 전신에 힘이 고루 분배되어 정확한 임팩트를 맞췄을 때 비로소 공이 멀리 나간다. 공이 멀리 나가지 않는 이유 중 하나는 어느 한 부분에만 잔뜩 힘을 줬기 때문이다. 클럽을 잡은 손, 허리, 다리 등 한 곳에 집중했을 때 힘의 균형이 깨진다. 이 때문에 세게 쳤는데도 불구하고 비거리가 적게 나오는 것이다.

오랜 세월 동안 욕심을 버렸다고 했지만 욕망에 사로잡힌 허상이었다. 이에 내가 찾은 해답은 겸손이다. 자신을 낮출 수 있는 사람이 결국 높아지는 것이다. ‘부드러운 스윙’은 자신의 의지와 상관없이 실행되는 단계다. 저절로 흘러나오는 것이다. 그간의 수많은 반복 연습을 통해 자연스럽게 흘러나오는 것이다. 이런 골퍼들은 자신의 플레이나 스윙에 대해 조심스럽고 오만하지 않다.

스포츠에 완벽은 없다. 골프도 마찬가지다. 그래서 겸손해야 한다. 완성이 없기에 평생 배우는 자세로 욕심을 내려놓아야 한다. 욕심을 한 번 내려놓았다고 되는 것이 아니다. 비우고 채우는 연속적인 반복의 과정 자체가 골프를 이해하는 본질의 길이다. 행동하지 않고 마음과 머릿속에서 외쳐봐야 실천 불가능하다. 몸으로 부딪히고 고통을 겪어보면 빨리 깨닫게 된다. 그 경험치의 도구가 골프다. 평생 수양만 할 수 없다면 골프가 해답을 준다. 골프는 보이는 곳에서 경기하기 위해 보이지 않는 곳에서 욕심을 내려놓고 겸손해야 하는 스포츠다.

27

진정한 멘토를 찾아라

오랫동안 골프를 가르치는 방법에 갈증을 느꼈다. 다양한 사람을 찾아 목마름을 채우기 위해 노력했지만 원하는 사람을 만나기 어려웠다. 그러다 결국 내가 생각하는 이상향에 가까운 사람을 만났다.

그가 바로 O다. 시간이 흐를수록 그와 함께 있으면 진정한 가치를 느낀다. 일전에 그의 인성을 엿볼 수 있는 기회가 있었다. 자신의 자녀가 잘못한 행동에 대해 꾸지람을 하는 것이 아니라 그가 스스로 올바른 행동이 무엇인지 보여주는 것이었다. 지적은 그 자리에서 할 수 있지만 괜한 반발심을 불러일으킬 수 있다. 그는 오히려 자신이 올바른 행동을 반복적으로 꾸준히 보여주면서 결국 자녀가 그것을 스스로 따라하게 만들었다.

골프 티칭도 마찬가지다. 그는 '실력보다는 인성이 먼저'라며 클래스를 듣는 학생들에게 신문 사설을 읽고 토론하는 것을 진행했다. 결국 그의 클래스는 학부모와 주변 사람들에게 입소문이 나서 인기 클래스가 되었다. 나도 골프를 한 지 30년이 되어가지만 이런 사람은 보지 못했다. 아이들의 골프 실력 향상뿐만 아니라 생각하는 힘을 키워 사회 적응에 대비하게 해주는 것이다.

그의 행동을 관찰해보면 그가 가장 중요하게 여기는 것은 타인과의 관계와 가정의 중요함이다. 반드시 필요한 모임이 아니면 가정에 충실했고 모임에 나갈 땐 진심을 다해 상대방의 말을 경청했다. 그는 지금까지도 내가 닮고 싶은 사람 중 한 명이다.

성공한 사람의 강연, 연설을 듣기 위해 찾아다닌 경험이 있는가? 골프의 장점 중 하나는 그런 사람들을 찾아다닐 필요가 없다는 것이다. 골프 동반자는 자신의 인생에서 성공적인 일과 훌륭한 인성의 변곡점을 뛰어넘어 모범이 되는 틀을 갖추고 있다. 이들은 셀프컨트롤을 통해 이미 어느 정도 이런 인식을 가지고 있는 사람들이다.

골프의 좋은 점은 살아가는 방식과 문화, 경계를 이해하고 신뢰할 수 있는 사람들과 1:1로 충분한 생각의 교류를 나눌 수 있다는 점이다. 짧게는 두어 시간에서 많게는 대여섯 시간을 함께 라운드하며 생각을 나눠볼 기회가 생긴다. 바로 이 점이 내가 앞서 이야기한 라운드 비용을 아까워하지 말라는 것과 같은 맥락이다. 골프는 사회적으로 성공을 이루었거나 배우고 싶은 사람의 이야기를 들어보고 내 삶에 어떤 부분이 부족한지를 깨닫고 그것을 보완해 나갈 수 있는 통찰의 스포츠다.

인간은 혼자서 설 수 없는 존재다. 성공의 결과를 혼자 이루었다고 생각하지만 절대 그렇지 않다. 곰곰이 생각해 보면 인생의 지점마다 영향을 준 사람들이 존재한다. 혼자 성장하는 스포츠로 보이지만 결코 혼자 성장할 수 없음을 느낀다. 우리는 타인으로부터 자극을 받고 부족한 점을 깨닫고 지금까지 발전했다. 그 결과가 현재 당신의 삶이다. 당신은 골프를 통해 충분히 배울 수 있다. 골프를 배워보고 싶지 않은가?

28

당신은 책임과 의무를 지키고 있나요?

2019년 10월. 인천에 한 골프장에서 여자 프로 대회가 열렸다. 이때 1라운드 경기 7번 홀(파5) 벙커샷을 하는 과정에서 규정 위반 논란이 있었다. 한 플레이어가 샷 한 볼이 벙커에 깊이 들어가 자신의 공인지 확인하기 위해 경기위원을 불렀고, 경기위원의 허용하에 공을 꺼내 확인했다.

볼이 벙커에 깊게 박힌 경우, 볼을 꺼내서 확인이 가능하지만 확인 후 제자리에 놓아야 하는 것이 원칙이다. 이때 볼을 원래 위치대로 깊숙이 넣지 않은 채 이른바 '라이 개선'(라이란 볼이 정지한 지점과 그 볼에 닿아 있거나 그 볼 바로 옆에 자라거나 붙어있는 모든 자연물·움직일 수 없는 장해물·코스와 분리할 수 없는 물체·코스의 경계 물을 아우르는 지점을 말한다. 곧 볼이 놓여진 상태, 볼이 놓여 있는 주변의 모든 것으로 어떤 라이에 놓여 있는지에 따라 샷의 종류와 형태가 결과에 영향을 미친다.)을 한 상황에서 다음 샷을 했고, 벌타도 받지 않았다. 여기에 추가로 원래부터 자신의 볼이 맞는지 확인할 이유가 없는데 확인한 것 아니냐는 또 다른 논란까지 이어졌다.

골프는 골퍼에게 문화와 정신을 발전시키는 계기를 마련해 준다. 라운드를 통해 '관계'라는 것을 배울 수 있고, 이 관계를 통해 자신을 돌아보며 인간으로서의 통찰과 사유를 가능하게 한다. 그래서 인생과 사람을 배울 수 있는 골프를 좋아한다. 반대로 우리는 골프에게 책임을 다하고 의무를 지키고 있는지 위 사례를 보면 의심스럽다.

"Paly the ball as it lies."

티잉 그라운드(티 샷을 위해 잔디를 짧게 깎아 놓은 지역)에서 볼을 놓을 때, 홀에 들어갔을 때만 볼을 만질 수 있다. 어떤 상황에서든 볼을 옮겨 자신에게 유리한 위치로 옮기지 못한다. 골퍼의 의심되는 행동은 절대 발생하지 않아야 하며, 그것은 골퍼의 의무이자 책임이다.

골프를 좋아해서 아마추어 대회를 나가는 C가 있다. 언젠가 그와 골프를 같이 나간 적이 있다. 그는 골프 규칙을 엄격하게 지키는 것으로 소문나 있었다. 그래서인지 친목성의 골프 모임에서도 정확한 원칙을 지킨다. 그렇다 보니 되레 원칙을 잘 지키면서 원성을 들을 때가 많다.

한 예로 라운드 중 동반자의 볼이 나무 밑에 놓여 있어 벌타 없이 옮기겠다고 말했다. 뿌리와 돌이 있는 경우 부상과 클럽의 손상 때문이다. 그는 땅을 확인하면서 뿌리와 돌이 없으니 그냥 플레이하라고 한다. 동반자는 지인의 말이 맞지만 꼭 그렇게 할 필요 없으니 그냥 치라고 이야기했다. 볼의 주인도 그냥 옆에 놓고 치겠다고 하면서 경기를 계속 이어갔다. 주말 골퍼는 볼이 조금만 불편한 상황에 놓이면 아무렇지 않게 볼을 옮기거나 집어 드는 경우를 본다. 그리고 자신의 편의성을 강조하면서 치기 좋은 장소로 이동한다.

과연 이 골퍼에게 잘못이 있다고 할 수 있을까? 원칙을 지킨 것이 잘못된 것처럼 된 것이다. 이론이나 행동에서 일관되게 지켜야 하는 규칙을 상황에 따라 여기서는 지키고 다른 데 가서는 안 지켜진다면 그것을 원칙이라 할 수 없다. 골프 문화의 고유성과 순수성은 대중의 편리성, 선호도에 따라 무너져서는 안 된다.

기본 규칙에서 벗어나면 언젠가 탈이 나게 되어있다. 지키려면 불편하지만 익숙해지면 당연해지는 것이 규칙이다. 원칙을 벗어난 편리성에 익숙해지면 세상은 어지러울 뿐이다. 생각해 보라. 벙커에 난 발자국을 치우지 않고 갔다면 다음 사람은 피해를 본다. 자신은 피해갈 것 같지만 결국 다시 나에게로 돌아온다.

'나 하나쯤이야' 이렇게 생각하기 때문에 흔들릴 때가 많다. 하필 디벗(아이언 스윙 시 골프 클럽에 의해 파여 진 잔디) 자리로 들어갔는지, 조금만 옆으로 옮기면 좋겠는데, 벙커에 묻힌 볼을 빼고 싶은데, 하는 유혹이 들기도 한다. 마음은 옮기고 싶지만 끝내 옮기지 않는 이유는 원칙이 훼손되면 전체가 실패할 확률이 높기 때문이다.

29

물 밖에서는 수영을 배울 수 없다

사람은 누구나 그 시대의 포로이다.
어떻게든 주위 환경과 보조를 맞춰 살아가는 것이다.
누구나 자기가 어울리는 범위 내 사람들의 포로가 되는 것이다.
그래서 친구를 사귈 때도 항상 깊이 고려해야 한다.
탈무드 잠언집 중

화창한 어느 날 여자 프로 매치플레이 대회가 열리는 골프장을 지인과 함께 찾았다. 라운드를 돌면서 간간이 캐디와 말을 나눴는데 그녀는 10년 정도 다른 곳에서 일하다가 얼마 전 이곳으로 이직했다고 했다. 이유를 물으니 전에 있던 골프장 고객들은 무례하고 규칙을 지키지 않는 상황들이 많아 힘들었다는 것이다.

이곳의 고객은 매너와 품격이 좋아 만족도가 높다고 말했다. 실제로 18홀 동안 캐디의 표정은 내내 밝았고 즐거워 보였다. 캐디의 업무 환경에 대한 만족감은 18홀 내내 기분 좋은 라운드를 즐기는 환경을 만들어 주었다. 이 경우를 보면 환경이 사람을 만든다는 생각이 든다.

사람은 환경에 따라 태도를 달리한다. 2개의 골프장을 비교해 보면 큰 차이를 보이지 않는다. 골프장 환경과 상황이 골퍼에게 큰 자극을 주었을 것이다. 마치 예비군복을 입으면 자신의 상황을 잊고 맞지 않는 행동을 스스럼없이 옮긴다. 자세가 흐트러질 뿐 아니라 의도적으로 자신을 놓는다. 하지만 제복이나 정장을 입게 되면 자세가 달라지고 원위치로 돌아온다. 같은 사람이지만 옷이라는 외부환경에 따라 행동이 달라지는 것이다.

인간은 틀에 맞춰진 듯 정해지지 않았다. 어떤 환경, 어떤 무리 속에 있는지가 중요하다. 인간에게는 사회에 맞춰야 한다는 욕망도 존재하고 맞추지 않으면 안 된다는 불안감도 존재한다. 환경에 약한 게 인간이다. 우리가 어떤 사람인가 보다는 어느 장소에 있는지가 더 중요하다.

'인간은 환경의 동물이다.'

난 이 말을 믿는다. 환경 자체가 달라지면 사람도 그에 맞춰 변한다. 자신이 변화하고 싶다면 주변 환경을 바꿀 필요가 있다. 값진 환경은 자신의 진가를 이끌어 내고 변화를 만든다.

부자가 되고 싶다면 실제 부자들하고 어울려라. 격이 있는 사람이 되고 싶다면 그런 사람을 곁에 두어야 한다. 수영을 하고 싶다면 바다에 뛰어들면 된다. 물 밖에서는 절대 수영을 배울 수가 없다.

30

인성이 실력이다

최근 세상을 떠들썩하게 한 뉴스는 스포츠 선수의 학교 폭력이다. 학창 시절 휘둘렀던 폭력은 누군가에게 트라우마로 남아 부메랑이 되어 그들에게 돌아왔다. 결국 그들에게 국가대표 자격 박탈, 게임 출장 정지라는 중징계 처분이 내려졌다. 스포츠 선수들은 고된 훈련을 통해 정신과 육체가 함께 성장하는데 이 경우는 육체만 성장한 꼴이 아닌가 싶다.

예전 골프 아카데미에서 신기한 광경을 본 적이 있다. 코치가 골프 배우는 학생에게 신문 사설을 읽게 하고 일기를 쓰게 하는 것이었다. 골프 아카데미라는 곳에서 좀처럼 볼 수 없는 일이라 신선했다. 학생에게 단지 읽고 쓰라는 것이 아니라 본인도 같이 사설을 읽고 서로 토론하고 질문하는 시간을 가졌다. 지금까지는 골프만 치다가 사설을 읽고 쓰는 것이 하나의 습관처럼 자리를 잡기 시작하니 아이들은 어렵고 힘들어하지 않았다. 그냥 클럽을 휘두르는 것보다 사고능력과 인성에 영향을 받았을 것이다.

글을 읽고 인간의 본성에 변화를 주는 것은 짧은 기간 완성되지 않는다. 글을 읽는 것은 성장하는 아이들의 인성을 다지는 시초가 되는 행동이다. 아무도 시도하지 않는 길이었지만 누군가는 시행했어야 하는 선구자적인 역할이다. 학생 인성에 영향을 주기 위해서는 아카데미에 있는 코치의 역할이 크다. 주니어 학생은 학교생활보다 여기서 많은 시간을 보낸다. 그 역할을 코치가 맡게 되면 좋은 영향을 준다. 만약 코치가 시간이 없다면 전문가를 영입해서 실행하는 방법도 있다.

초등학생부터 성장기의 아이들에게 학습은 필수요소다. 아무도 시도하지 않지만 준비하면 새로운 트렌드를 만들어 긍정의 영향을 준다. 가수 박진영을 생각해 보면 좋은 방안을 얻을 수 있다. 아이돌을 양성하지만 그들의 커리큘럼에 인성교육과 독서 시간이 있다. 무엇을 말하는지 알 것이다. 박진영도 "실력보다 인성이 중요하다"라고 언급했다.

'인성(人性)'은 말 그대로 사람이 가지는 성품이다. 그런 면에서 자신을 돌아보는 능력, 즉 자기성찰 능력이 인성의 핵심이다. 자신의 말과 행동이 자신의 주변 사람에게 어떤 영향을 미치는지 살피고 관찰과 질문을 통해 인성훈련을 시켜야 한다. 예전에는 착하고 말 잘 듣고 인사 잘하는 아이가 인성이 좋다고 판단했다. 하지만 그런 아이가 인성이 좋은 것이 아니다. 자신을 통찰하고 생각의 힘을 길러주는 교육에 중점을 두어야 한다.

'실력이 없으면 인성이라도 좋아야지!'라는 말이 있는데 그럼, 실력만 있으면 인성이 없어도 되는 것인가? 인성은 실력과 별개의 사항이다. 볼만 치는 기계보다는 생각하는 선수 양성이 필요하다. 시간이 없다는 이유는 핑계다. 식사, 운동, 약속은 시간을 내서 한다. 식사할 시간이 없다는 이유로 평생 굶는 인간은 없다. 올바른 인성의 틀은 시간을 만들어 활용해야 한다. 자신이 투자하지 않고 노력하지 않기 때문이다. 좋은 자양분을 공급받고 성장하면 인성은 더욱 공고해진다. 곧 인성학습이 중요하며 인성은 성장하면서 튼튼해진다. 방치하거나 답습하듯 자신이 받았던 삶의 방식을 그대로 아이에게 적용해 물려주면 안된다.

인성은 교육부에서 인증받은 프로그램을 단기간 학습한다고 형성되지 않는다. 사람의 변화가 단지 몇 시간, 며칠 동안에 가능하겠는가. 골프에 적용해 보면 변화가 어렵다는 것을 금방 인지한다. 골프가 몇 시간, 며칠 동안의 변화로 좋은 성적을 낼 수 있는가? 한 동작의 변화는 2달, 1년 이상 걸리는데, 사람의 인성은 장기간 숙성으로 발효된다.

인성 개발을 위해 독서도 좋은 선택이다. 그렇다고 책만 읽는다고 가능하지 않다. 몸의 움직임은 인간의 감정을 수반하는데 이러한 몸의 움직임 통해 인성의 향상을 체험하게 해야 한다. 골프를 통한 몸의 움직임은 사회관계, 회복탄력, 인내, 리더십, 예절, 규칙이 포함되어 성숙한 인성을 갖도록 도와준다. 사회 속에 살아가면서 관계의 질을 높일 수 있고, 위기, 시련, 고통이 몰려와도 이겨내는 긍정적인 마음을 키울 수 있다. 나의 자존감을 높여 관계 맺는 사람을 이해하는 방법, 세상의 옳고 그름을 정확히 판단할 수 있는 능력을 배운다.

31

15번째 클럽 활용 잘하고 있나요?

"삐비빅, 삐비빅, 삐비빅"

작은 모텔 방에서 적막을 깨고 알람소리가 울린다. 눈을 비비고 시간을 확인하니 시계는 새벽 3시를 가리킨다. 솜뭉치처럼 무거운 몸을 일으켜 옆방으로 향했다. 문을 열어보니 아직 꿈나라다. 오늘 시합할 선수를 흔들어 깨웠다.

대회에 출전하는 시간(starting time)은 오전 10시다. 캐디는 선수가 최적의 컨디션에서 플레이를 할 수 있도록 미리 준비해야 한다. 선수를 시합 시간에 맞춰 미리 깨우는 것도 캐디의 몫이다. 선수의 몸 상태, 골프 연습 스케줄, 식사 시간과 영양 상태 등 모든 것을 신경 써야 하는 사람이 캐디다. 어쩌면 캐디야 말로 올라운드 플레이어가 아닐까.

골프 경기는 보통 5시간 이상 지속된다. 단순히 공을 쳐 홀에 넣는 것에 그치는 것이 아니라 그날 컨디션, 잔디 상태, 바람, 클럽 선택, 코스 전략 선택 등 복잡한 과정 속에서 선택과 집중을 지속해나간다. 경기 중에 받는 플레이어의 압박은 매우 높다. 이 모든 것을 조력하고 플레이어와 유일하게 근접해 있는 사람이 캐디다.

캐디는 마음이 흔들릴 수 있는 플레이어에게 존재만으로 큰 도움이 된다. 클럽의 선택, 코스와 그린 공략의 조언은 기본 역할이다. 경기 전체의 경기력과 심리 부분에 미치는 영향은 크다. 더 나아가서 스윙 코치 역할도 한다. 단순히 볼을 닦아주는 사람이 아닌 게임 속에서 함께 경기를 풀어가는 자신의 분신이다. 경기를 풀어가면서 의견을 나누고 흔들리는 상황에서 정확히 판단해 도움을 준다. 홀 전략에 도전해야 할지, 안전하게 공략해야 할지 의견을 제시해 최상의 선택을 돕는다.

스포츠에서 유일하게 경기장 안에서 조력자와 함께 하는 경기이다. 캐디는 그림자처럼 따라다니며 경기력 향상을 위해 노력하는 사람이고 없어서는 안 될 중요한 존재다. 성공한 사람의 곁에 조력자가 있듯 훌륭한 골퍼 곁에도 훌륭한 캐디가 존재한다. 그들은 치밀한 전략으로 선수를 돕고 결정의 순간에 마음을 안정시켜 주는 멘탈 코치의 역할까지 맡는다. 캐디의 선택 여부와 호흡에 따라 경기결과가 달라진다. 골프 경기 진행 중에 유일하게 캐디의 조언을 들을 수 있다. 캐디는 어려운 규칙에 능통해 선수를 돕는가 하면 팽팽한 긴장감 속에 재미난 이야기로 평정심을 찾게 해준다. 선수의 에너지와 수분 보충에 도움을 주는 필드의 어머니라 말할 수 있다.

마크 워런 선수는 오스트리아 오픈에서 캐디가 코로나19 양성 반응으로 캐디 없이 사흘 동안 시합을 치러야 했다. 그는 인터뷰에서 "이번 경기를 통해 캐디의 역할이 얼마나 중요한지 깨달았다. 캐디를 하루빨리 구하고 싶다. 캐디 없는 대회는 한 번뿐이기를 바란다. 캐디와 함께 하는 것이 즐겁다"라고 했다.

캐디를 15번째 클럽이라 부르는 이유도 여기에 있지 않을까? 훌륭한 캐디는 또 하나의 클럽을 가지는 것만큼 힘이 된다.

32

원칙을 벗어나면 피해는 자신이 받는다

"너 배꼽 나왔어!" 골퍼는 자신의 배꼽을 쳐다본다. 옷을 잘 입고 있다는 몸짓을 취하고 경기에 임한다.

라운드를 하다 보면 습관적으로 티잉 구역보다 조금 앞에서 티 샷 하는 골퍼가 있다. 이처럼 티잉 구역보다 공이 앞에 나와 있는 걸 흔히 '배꼽이 나왔다'고 표현한다. 이런 규칙 위반은 별것 아닌 것 같지만 사실 엄밀하게 적용하면 실격까지도 당할 수 있으니 조심해야 한다.

골프의 저변확대로 많은 인원이 골프를 즐기지만 그들이 원칙을 지키지 않아 서로 피해를 보는 상황이 발생한다. 그리고 골프 모임에서 새로운 규칙을 만드는 사례가 많아졌다.

몇 가지 전례를 살펴보면, 동반자는 드라이버 샷이 잘 맞아 기대하고 페어웨이로 간다. 멀리서 보이는 볼이 잔디 위에 선명하게 보여야 하는데 반쯤 잠겨서 보인다. 가까이 가서 확인하니 잔디가 파진 곳에 볼이 빠져있다. 동반자의 마음을 십분 이해할 수 있는 상황이다. 위로의 이야기를 하려고 할 때, 동반자가 "디벗에 빠졌어! 옆으로 빼고 칠게!"라고 말한다.

어려운 장소인 러프에 빠지면 "치기 어려운데, 옆으로 빼고(좋은 장소) 칠게!" 아무렇지 않게 행동한다. 벙커도 마찬가지다. 볼이 빠져 발자국이나 고르지 못한 상황이면 볼 옮기는 것을 주저하지 않는다. 그리고 자신의 흔적을 남기듯 발자국은 그대로 두고 간다.

골프 규칙이 처음부터 그랬다는 듯 행동해 당황하게 만든다. 그런 규칙은 어디에도 없다. 골프 원칙은 볼이 놓여 있는 그 상태로 경기를 진행해야 한다. 자신의 볼을 움직여 유리하게 적용하면 벌타를 받는다. 골프 첫 번째 규칙은 "볼을 손으로 만지면 안 되고 그 상태 그대로 경기를 해야 한다"고 명시되어 있다. 하지만 자신의 입맛에 맞게 너무나 쉽게 바꿔버린다. 원칙은 처음부터 존재하지 않았던 것처럼 말이다.

부상과 경기 시간의 지연을 방지하기 위해 사전 협의는 어느 정도 인정하지만 나는 반대하고 싶다. 원칙은 지켜져야 하고 지켜져야 원칙이다. 예절과 규칙을 모르는 상태로 골프 코스로 뛰어든다. 질서와 예의는 지켜지지 않고, 무너지고 변형된다. 우리의 마음에 상처를 남기고 골프장과 골퍼를 망치는 행동이다.

재미를 위해 원칙을 파괴하는 골퍼도 있다. 어떤 재미를 위해 원칙을 어긴다는 말인가. 그리고 누구를 위한 재미인지 알 수 없다. 재미는 누구나 인정하는 원칙이 지켜질 때 진정한 재미가 아닐까 싶다. 상대를 비방하고, 원칙을 깨는 것이 재미있다고 생각한다면 인간 본성의 문제가 있다.

디벗과 벙커 정리를 안 하면 손해를 누가 본다고 생각하는가. 결과는 오롯이 자신에게 돌아온다. 자신이 주변을 정리하지 않으니 원래의 규칙은 망가지고 변형된 원칙만 난무한다. 다른 원칙을 만들어 원래 규칙을 파괴하니 문제 해결의 끝이 보이지 않는다. 나 자신부터 원칙을 지켜나간다면 불필요한 규칙은 필요 없다.

나 혼자 원칙을 지키면 정의가 실현된다고 생각하는 것일까? 글쎄, 사실 나 혼자 정의롭고 원칙을 지켜 바꾸려는 것은 아니다. 그저 나의 경험은 지켜야 한다고 배웠고 지켜야 마음이 편안하다. 그리고 원칙을 지키지 않으면 자신이 피해를 보는 것을 알기 때문이다. 원칙을 지키지 않기에 자신에게 맞는 다른 원칙이 필요한 것이다. 자신이 질서를 파괴하고 지키지 않으면 누구한테 떳떳하게 말할 수 있겠는가. 원칙을 벗어날 때 모든 문제가 여기서 시작된다. 인간은 나약하다. 원칙을 지키기 위한 첫걸음은 지킬 수 있는 작은 것부터 출발하면 된다. 그것이 골프에 있다.

33

골프는 평등한 게임이다

인간은 자신을 타인과 비교하려는 본능이 있다. 그래서 무슨 일을 하던 상대와 비교하면서 위안을 받거나 상처를 받는다. 비교가 때로는 삶의 원동력을 줄 때도 있지만 긍정보다는 부정으로 흘러 문제가 생긴다. 골프하면서 여성은 남성과 자주 비교를 한다. 늦게 시작한 남성이 힘도 좋고 거리도 많이 나간다며 부러워한다. 인간이 본능적으로 비교하려는 성향이 있다지만, 상대를 올바르게 정하는 것이 중요하다. 즉 본능을 무시할 수 없다면 비교의 대상을 남자가 아닌 여자로 선택해야 한다.

여성은 곧잘 거리를 남성과 비교하며 이렇게 말한다. “나도 남자처럼 멀리 보내고 싶다.” 여성 골퍼 또한 남성 골퍼처럼 거리의 욕구가 있다. 하지만 문제는 잘못된 비교 대상에 있다. 남성과 여성은 서로 힘의 차이가 존재한다. 태생부터 힘의 차이를 인정해야 한다. 골프는 이 부분을 여실히 인지시켜 준다. 바로 티잉 그라운드의 위치가 남성과 여성이 따로 있다. 즉 첫 출발점이 서로 다른 차이로 같음을 인정하고 있다.

모든 인간은 특정 기준으로 분류할 수 있다. 인간은 유아, 청소년, 성인, 노인 그리고 남녀로 구별된다. 이렇게 구분하는 것은 서로 차이점이 존재함을 말하기 위함이다. 인간 힘의 격차는 태생부터 정해져 있다. 본연의 주어진 힘의 차이를 차별로 생각하면서 공정함과 공평함을 논의한다는 게 잘못된 생각이다. 노인은 청년보다 힘은 없지만 인생의 통찰, 지혜가 있고, 여성은 남성보다 힘은 약하지만 섬세하고 언어 능력 등 뛰어난 부분이 많다.

사회의 양극화로 여성과 남성, 여성과 노인, 남성과 노인 등 다른 계층, 집단 간 문제 발생이 일어난다. 서로 다르다고 물어뜯고 무시하고 헐뜯는 현상은 공포 그 자체이다. 차별의 마음을 버리고 차이를 인정하는 것이 공정함을 유지하는 길이다.

골프는 매너게임이자, 공정한 게임이다. 골프 티 박스는 볼을 티(Tee)에 놓고 시작하는 장소다. 실력과 성(sex)에 따라 시작하는 장소가 다르다. 가장 뒤는 블랙이고 그 다음은 블루, 화이트, 엘로우, 레드 순이다. 즉 블랙이 그린에서 가장 멀리 떨어져 있고, 레드가 가장 가깝다. 프로 골퍼는 블랙, 남성은 화이트, 시니어는 엘로우, 그리고 여성은 레드이다. 서로 힘의 차이를 인정하기에 골프의 시작점은 공정하다. 차이를 인정하지 않고 똑같은 장소에서 친다면 공정한 게임이 성립될 수 없다. 세상에 골프만큼 공정한 게임은 찾아볼 수 없다. 어지러운 세상에서 골프는 무엇이 공정한 것인지 올바른 가이드를 제시해 준다.

달리기 경주는 골인 지점에 경쟁자와 어깨동무하고 들어온다고 해서 평등하고 공정한 게임을 했다고 생각하지 않는다. 공정함은 자신의 노력에 정당한 대가를 받는 것이고 성취감을 취하는 것이다. 노력에 비해 다 같은 결과를 맞이한다면, 누가 노력을 할 것이며 공정한 사회라고 말할 수 있겠는가.

34

'라떼는 말이야'가 꼰대일 수만 없는 이유

지인 S는 운동신경이 좋다. 마흔이 훌쩍 넘은 나이, 170cm도 안 되는 신장으로 그는 제자리 점프만으로 농구 골대에 덩크 슛을 할 수 있을 정도니 운동신경 하나만큼은 정말 뛰어나다. 그런 그가 골프를 시작한다고 소식을 전해 왔다. 평소 운동신경이 좋고 센스가 좋아 금방 골프에 적응할 것이라 생각했다.

어느 날 S가 생각나서 통화를 했다.

"골프는 잘 돼?"
"골프? 그만뒀어."

시무룩하게 말하는 그의 대답을 듣고 보니 일면 이유를 알 것도 같았다. 한 모임에서 골프 라운드를 갔는데 동반자가 나이도 많고, 자세도 이상하고, 힘도 없는데 자신보다 점수가 좋다는 게 이유였다. 그는 그와의 라운드를 마지막으로 은퇴(?)를 했다고 한다.

예전에 처음으로 스키장에 갔던 날이 떠올랐다. 처음 스키를 접해 보지만 왠지 정상에서 내려올 수 있을 것 같았다. 호기롭게 정상으로 향하는 곤돌라에 올랐지만 내려올 땐 반쯤 기어서 내려왔다. 그렇게 혼쭐이 나곤 초급부터 천천히 배웠던 기억이 있다.

재능보다 뛰어난 것은 꾸준히 지속해온 힘이다. 난 그 지속성의 힘을 믿는다. 오랜 시간 동안 숙련한 철은 그 어떤 철보다 단단하다. 이것이 어쩌면 이들이 이야기하는 '나 때는 말이야~' 일 수 있다. 요즘 젊은 사람들은 이런 사람들을 '꼰대'라 칭하지만 그들이 견뎌온 시간의 축적은 젊은 사람들이 따라갈 수 없는 경험의 힘이 녹아있다.

시대가 빠른 결과를 바라고 원한다. 속도도 중요하지만 올바른 결과를 보는 방법은 자신이 시간을 투자해 응집이 이루어진 후 장점이 터졌을 때 볼 수 있다. 모든 경험이 온전히 쌓여 만족스러운 결과를 만들어낸다. 젊다면 나이 든 사람들의 지나간 경험의 경로를 배워야 한다.

그 길은 피해갈 수 없다. 왜? 누구나 나이를 먹기 때문이다. 그들을 존중해 줘야 한다. 나이 들어 배우고 잘하기 위해 노력하는 모습과 경험의 가치는 누가 가르쳐주지 않는다. 그들의 경험을 얻는다면 위험과 어려움을 뚫는 방법을 학습하는 동시에 다양한 길을 얻는다. 삶을 대처하고 이끌어가는 지혜이다. 경험은 천천히 스며들지만 우리 안에 탄탄한 내구성을 만들어 주는 자산이다. 젊으니 당연하게 이긴다는 고정 관념을 벗어 던져야 한다. 결과만 보지 말고 과정을 들여다봐야 본질을 깨달을 수 있다. 그들을 무시한다면 고행을 자초하는 것과 같다.

35

매우 긴 것을 잘게 나누는 능력

골프에서 숏 게임은 일반적으로 80~100야드 이내의 상황에서 홀을 공략하는 일련의 과정을 말한다. 숏 게임은 거리를 많이 낼 필요도, 힘을 많이 쓰지 않아도 되는 말 그대로 '짧은 샷'이다. 이런 과정을 거쳐 공을 홀에 넣는 것까지 마무리하는 것을 골프 은어로 '설거지'라고 한다.

그렇다고 너무 쉽게 생각해선 안 된다. 짧은 샷인 만큼 다른 샷에 비해 정교함이 필요하다. 골프는 티샷부터 시작해 홀까지 점차 거리를 줄여가다 마지막에는 퍼터로 볼을 홀에 넣는 경기인데 아무리 퍼팅 실력이 뛰어나다 할지라도 1m가 넘는 거리를 쉽게 넣기란 결코 쉽지 않다.

처음부터 잘 쳐놓고 마무리를 못해 고전을 면치 못하는 사람들도 많다. 이때 가장 효과적인 방법 중 하나는 바로 '범주화'다.

즉, 스윙을 거리별로 나누는 것이다. 30야드, 50야드, 70야드 단위로 스윙의 크기, 손의 위치를 다르게 하는 것이다. 체계화되고 정리된 자신의 스윙이 필요하다.

경기 시간이 짧지 않은 골프는 경기 초반의 멘탈이 후반부로 갈수록 지속된다는 보장이 없다. 때문에 거리별로 나누어 범주화시켜두면 멘탈이 무너져도 정신을 다잡기 쉽다.

범주화 능력은 정리 작업을 잘한다는 의미이다. 이 작업은 성장하는 사회생활로 연결된다. 물건의 고유 자리, 비슷한 것과 묶어놓게 되면 깔끔하게 정리된다. 이 능력은 기준의 틀을 마련해 간소화가 이루어지고 복잡함이 사려져 집중력이 높아진다. 결국, 자신의 항로를 잃지 않게 해준다.

교육심리학자 레프 비고츠키(Lev S. Vygotsky)와 제자인 알렉산드라 루리야(Alexander R. Luria)도 범주화 학습이 지능 발달에 영향을 미친다고 했다. 운동선수를 보면 똑똑한 사람이 많고, 머리가 좋아야 운동을 잘한다고 말한다. 이 말은 우리, 당신들도 다 하는 말이다. 하나를 잘하는 사람은 연관성 있는 부분에서 탁월한 모습을 드러낸다. 그것은 단지 지능의 우수함이 아니라 생각이 생각을 찾아가기 때문이다.

36

무엇을 관찰하고 있나요?

혁신의 발화점은 주변의 평범한 것에 있다.
관찰의 힘, 얀 칩체이스, 사이먼 슈타인하트

골프도 보는 것이 중요하다. 하지만 그냥 보면, 점수를 잃게 된다. 세심한 관찰을 요구한다. 변화무쌍한 자연과 그린의 미세한 잔디 결, 고도를 느끼기 위해서는 필수조건이다.

사람은 눈 앞에 있는 것을 볼 수 있다. 그럼, 우리는 살면서 얼마나 볼까? 보이는 전부를 다 보고 있을까. 단순히 보는 것과 관찰하는 것은 다르다. 사물을 보는 것은 자신이 핵심 내용만 받아들여 익숙해지는 것이다. 관찰은 대상과 과정을 보거나 살펴서 행동을 주의 깊게 바라는 데서 출발한다.

지인은 골프에서 드라이버 거리가 짧아 점수가 안 나온다고 말한다. 거리 늘리는 방법은 없는지? 어떻게 해야 하는지? 고민스럽다고 했다. 경기를 해 보니 지인의 말도 맞지만 다른 문제가 있었다. 주변을 둘러보는 집중력 있는 관찰이다. 프로들도 두 번째 샷을 올리지 못하는 경우가 빈번하다. 점수를 줄이고자 한다면 올바른 관찰이 필요하다.

골프 속어 "설거지를 잘하면 골프도 잘하고 여자한테 사랑받는다"라는 말이 있다. 즉 그린 주변의 숏 게임을 말한다. 주변 정리를 잘하면 좋은 스코어를 낼 수 있다. 주변 정리를 잘하려면 그냥 보는 게 아니라 섬세한 관찰이 필요하다.

그에게 골프 실력을 높이고 싶으면 직장 동료, 가정, 사물 등 주변 관찰을 해 보라고 권했다. 무슨 쓸데없는 소리냐며 날 타박했지만 나의 간곡한 부탁에 마지못해 그러겠노라며 다음을 기약했다.

시간이 지나고 그와 함께 다시 골프장을 찾았다. 경기 중 그를 살펴보니 예전과 모습이 달라 보였다. 주변 상황에 주의를 기울이면서 게임을 파악하는 능력, 조절과 안배에 자신감이 생생했다. 또 자신이 정한 기준에 따라 무리한 행동과 샷을 하지 않는 정돈된 모습을 보였다. 더 이상 드라이버의 짧은 거리에 연연하지 않는 모습이었다.

그린 주변에서 집중과 관찰은 정리에 힘을 실었다. 홀 근처에 도착하면 산의 위치, 그린의 속도, 잔디의 상태, 바람, 햇빛, 물의 흐름 등 멈춰서 꼼꼼하게 바라보는 것이다. 코스라는 공간에서 주변 정리를 위해 끝없는 관찰이 이어진다. 또한 동반자의 호흡, 표정 그리고 주변을 살펴 행동도 놓치지 않는다. 상대의 행동에 대한 관심은 자신을 발전하는 계기를 만든다.

'관찰'이라는 것은 단순히 눈으로 보는 것이 아니다. 다른 감각을 열어 주의와 관심을 가지는 것이다. 관찰은 사물의 행동을 주의 깊게 바라보는 데서 출발한다. 주변에 담겨 있는 진정한 뜻을 알고 관찰력을 통해 내면에서 우러나는 통찰을 깨닫는다.

관찰은 익숙한 것을 낯설게 만든다. 낯섦을 느끼면 우리는 그것을 자세히 살펴보게 된다. 우리가 흔히 말하는 '원래 그래'가 아닌 '언제부터 그랬는지'에 대해 자세히 들여다볼 줄 안다면 당신의 스코어는 지금보다 월등히 좋아질 것이다.

37

지금 자신을 합리화하고 있진 않은가

얼마 전 이웃 블로그를 오랜만에 들어가 보고 깜짝 놀랐다. 나와 비슷한 시기에 시작한 그는 일찌감치 포기한 나와는 달리 꾸준히 관리해 많은 방문자가 들어오는 블로그로 발전되었다. 그의 블로그를 보며 또 한 번 관리에 실패한 내 자신을 자책했다.

하지만 자책은 얼마 지나지 않아 이것은 인지부조화 영향으로 합리화를 시키기 시작했다. 그럴 수밖에 없는 상황을 상상해 '어쩔 수 없음'으로 위안 삼았다.

끈기 있게 자신의 일에 매달리는 사람, 자신의 실력이 부족하다며 계속 연습하는 사람, 과정이 지루하고 좌절해도 열정을 지속시킬 수 있었던 사람이 마지막까지 성공한다. 열정이 중요한데 열정의 지속성이 무시되고 사라지는 이유가 무엇일까?

니체는 이렇게 말했다. "모든 완전한 것에 대해 우리는 그것이

어떻게 생겨났는지 묻지 않는다. 우리는 마치 그것이 마법에 의해 땅에서 솟아난 것처럼 현재의 사실만을 즐긴다. 아무도 예술가 작품 속에서 완성되는 단계까지의 과정을 보지 못한다. 작품으로 완성되는 과정을 보게 되는 경우에는 언제나 반응이 다소 시들해지기 때문이다."

모든 사람이 타이거 우즈를 천재라고 말하지만 그는 지독한 후천적 노력형 천재다. 2시간 동안 빈 스윙을 하고, 퍼터 연습을 하고 자신의 몸을 만드는 과정 안에 지속적인 열정과 끈기가 없다면 불가능하다. 사람들은 과정을 배제한 채, 만들어진 그의 모습만 보기 때문에 천재라 말한다.

열정은 발견과 발전이 가능하게 해준다. 다양한 일을 한다는 게 열정, 끈기가 없는 것은 아니다. 꾸준히 열의를 쏟아부은 사람도 처음부터 그 일을 찾아 바로 성공을 한 건 아니다. 여러 일을 거쳐 지금의 일을 찾은 것이다. 하지만 그들도 시작점부터 우리와 달랐다고 생각하지 않는다. 지속, 열정, 사랑하는 일을 발견하고 발전시키기까지 인고의 시간이 걸렸다. 재능이 아니고 노력이다. 열정보다는 끈기 있게 지속하는 마음이다.

38

한 방은 없다

모임에서 각자 골프 스타일에 대한 이야기가 화두에 오른 적이 있다. 이야기 중 골프 점수가 좋은 친구를 언급하게 되었다. 그는 편차 없이 꾸준히 점수가 나오는 스타일이지만 드라이버 거리가 여성 골퍼만큼 짧다고 했다. 친구가 자신과 드라이버 거리를 비교해 보면 거의 70~80m 정도 차이가 난다고 하니 차이가 꽤 나는 편이다.

그에게 비거리를 늘리기 위해 노력을 안 해봤냐고 물어봤다고 한다. 그는 거리를 내려고 다양한 노력과 시도를 했지만 정확성이 떨어져 거리에 대한 욕심을 과감하게 버렸다는 것이다. 그 대신 우드와 아이언 샷에 많은 노력을 했다고 한다.

그의 말을 들으며 그의 선택과 그 선택을 위한 과감성에 감탄했다. 생각해 보면 우리는 모자란 것을 채우려고 하지 잘하는 것을 더 잘하도록 격려하는 사회는 아닌 것 같다. 한국 학생들은 MIT는 가도 서울대는 못 간다는 이야기가 있다. 한 학생이 수학 경시 대회에서 우수한 성적을 받았다. MIT는 학생에게 입학을 제안했지만 자신의 목표가 서울대이기에 입학을 거부했다고 한다. 과연 서울대를 가뿐히 합격했을까? 서울대는 한 가지만 잘해서는 입학을 할 수 없다. 전 과목을 만점 받아야 진학이 가능하다. MIT는 전 과목 만점자가 아니라 한 분야의 뛰어난 인재를 요구한 것이다.

나와 같이 대화하던 친구는 "자신이 볼 때는 그 골프는 별로 재미가 없고 박진감이 없다"고 말한다. 볼이 옆 홀로 빗나가 죽어도 한 방을 노려 멀리 쳐야 한다는 것이다. 이런 친구일수록 인생도 한 방을 노리는 경우가 많다. 오지도 않을 '언젠가'를 고대하며 기다리는 한 방 말이다. 반면 비거리를 포기한 친구는 조금씩 점수가 오르고 있었다. 물론 그의 삶도 마찬가지다. 그는 일상에서 조그만 성취를 꾸준히 쌓아나가며 늘 앞으로 정진하게 된다.

골프 황제 타이거 우즈는 벙커 탈출하는 능력이 떨어지지만, 코치인 부치 하먼(Claude Harmon Jr.)은 벙커 연습을 위해 많은 시간을 들이지 않았다. 일정 수준에 이를 만큼만 연습시키고 나머지는 강점인 스윙을 정교하게 다듬는 데 집중했다. 또 신지애 선수는 한 단계 도약을 위해 노력했지만 부상과 함께 슬럼프에 빠졌었다. 부진을 털고 우승한 후 "나만이 잘하는 것이 분명히 있는데도 사람들은 내가 못하는 것만을 지적했고, 못하는 것을 고치는 것에 집중하다 보니 오히려 나의 장점을 잃어버렸습니다. 내가 잘하는 것에 집중한 것이 메이저 대회 포함 2주 연속 우승의 비결입니다"라고 말했다. 바로 자신의 장점을 극대화한 차별이었다.

과감히 말하자면 인생과 골프에서 '한 방'은 없다. 결국 승자는 자신의 강점을 발견하고 버림의 미학인 편집과정에 있다. 소크라테스의 "너 자신을 알라"에 깊은 통찰을 되새김해 본다. 지금 당장 내가 잘하는 것을 써보자. 아주 사소한 것이라도 좋다. 어쩌면 그것이 내일 큰 성공을 가져다줄지 모르니까 말이다.

39

마무리 하고 가야 할까요? 바쁘면 그냥 가야 할까요?

골프 라운드가 끝나면 사람들은 개인 일정, 샤워, 그리고 식사를 위해 무섭게 자리를 떠난다. 이들 대부분은 정작 중요한 한 가지를 놓치고 있다. 바로 마무리 운동이다. 골프가 건강에 좋다고 말하면서 마무리 운동을 보잘것없이 취급하는 것은 삶에서 자신을 위험에 노출시키거나 갈무리를 못 하는 행동이다.

골프장에 도착해서 골프 옷을 입고 출발 전 서로 안부를 묻고 인사를 한다. 캐디가 함께 첫 번째 홀로 향한다. 진행 도우미의 구령에 맞춰 준비 운동을 시작하고 골퍼는 다 같이 몸풀기에 들어간다. 다른 동반자가 허리 운동을 하면서 "어이쿠! 아이고, 허리야! 뻐근하네"라는 곡소리가 들린다.

본 경기에 들어가기 전 원활한 스윙과 부상 방지를 위해 몸을 푸는 것이다. 준비 운동은 캐디가 함께 하기 전부터 시키지 않아도 스스로 알아서 잘한다. 사전 운동의 효과와 방법에 대해서 인지하고 있기 때문이다. 몸 풀기의 첫 번째 목적은 그날 좋은 성적과 부상 방지를 위한 것이다.

준비 운동이 끝날 때 쯤 넌지시 물어보곤 한다. "여기 골프장은 마무리 운동을 같이 하고 있나요?" 대부분 캐디들은 질문에 난감해 하는데 곤란하게 하려는 의도는 전혀 없다. 마무리 운동을 실시하고 있는 골프장을 알고 싶어서이다. "고객님들이 바빠서 할 수 없다"는 대답이 가장 많다. 골퍼와 골프장 직원 누구도 마무리 운동에 대해 신경 쓰지 않는다. 고객과 골프장의 태도가 변화해야 한다고 생각한다. 모두가 인지하고 변화하려는 의지를 가져야 한다는 것이다.

마무리 운동의 중요한 목적은 5시간의 쌓인 피로를 제거함에 있다. 샷을 하고 긴장된 근육을 풀어줘 근육통이나 근육경직의 발생을 예방한다. 스트레스 후 마음의 안식을 찾기 위함도 있다. 골퍼와 골프장은 중요성을 인지해 새로운 시도를 해야 한다. 방치하지 말고 골프 라운드의 규칙으로, 문화로, 정착시켜 예전부터 해왔던 것처럼 말이다.

처음이 어렵지 유익하다는 생각이 굳어지면 일상처럼 하게 된다. 그럼 골프 라운드에 그 시간도 스스로 포함시켜 즐기게 된다.

만약 바빠서 가는 고객을 위해서 2~3홀 정도 걷게 해 스트레스를 받은 몸과 심장의 혈압을 낮추도록 유도해야 준다. 이것이 올바른 골프 문화인 것이다.

프로선수는 마무리 운동을 하지 않으면 구단에서 벌금을 부과하기도 한다. 마무리 운동의 중요성을 인지하기 때문이다. 하지만 프로가 아닌 우리는 누가 해주겠는가? 스스로 지킬 수 있는 시스템 구축이 필요하다. 하나의 습관처럼 문화를 만들어 갈 준비의 틀을 마련해야 한다. 기분 좋게 나온 라운드에서 준비운동도 잘하고, 점수도 좋고, 매끄러운 관계로 끝냈는데 마지막에 부상을 당하면 그날은 망친 날이다.

본 운동이 끝나면 그 순간을 빨리 끝내는 것에 집중하게 된다. 마무리를 하는 시간은 자신의 몸을 안정시키는 의미도 있지만 경기의 내용을 복기하고 사유하는 시간임을 깨달아야 한다. 자신의 성장이나 성공을 위해 갈무리하는 시간이 필요함을 알고 있다. 따로 시간을 내기보다 그 순간에 흐트러졌던 파편의 조각을 맞춰보는 것이다. 홀에서 실수와 내가 오늘 하려고 했던 동작, 계획이 실전에 사용되었는지 확인한다. 또 규칙을 정확하게 지켰는지 동반자와의 관계는 어떻게 이루어졌는지 정리하는 시간이다. 이 시간이 모여 자신의 몸을 건강하게 지키는 것이고, 계획했던 일을 행하지 못했다면 다시 전략과 목표를 수정한다. 마무리 운동을 통해서 앞으로 의미 있는 골프를 즐길 수 있는 토대를 마련해 보자.

인생도 마무리를 잘하는 것이 시작하는 것보다 어렵고 중요하다. 끝은 새로운 시작을 알리는 것이고 마무리를 잘해야 자신의 내면에 새로움을 발견하게 된다. 중요한 것은 어떤 과정을 통해 어디로 도착하는가이다. 시작은 어설퍼도 과정을 통해 마무리를 어떻게 하느냐에 따라 평가는 달라진다. 끝맺음을 어떻게 하느냐는 전체를 평가하는 척도가 된다.

40

인생은 한 번 뿐이지만 다시 한 번 기회가 주어진다면?

미국협회(USGA) 홈페이지에 가면 캐나다 골퍼 데이비드 멀리건(David mulligan)에 대한 몇 가지 이야기가 있다.

'멀리건 샷(mulligan shot)'은 티잉 그라운드에서 미스 샷을 한 뒤 동반자의 허락을 받고 벌타 없이 다시 치는 샷이다. 어원에 대한 유래는 다양하다. 첫 번째는 1번째 홀에서 똑바로 가지 않아 다시 쳐서 붙여졌다. 두 번째는 아침에 늦게 일어나 서둘러 와서 급하게 친 샷이 잘 못 되어 한 번 더 치게 되면서 유래되었다. 마지막으로 골프 라운드를 가는데 멀리건 씨가 4명을 모두 자신의 자동차로 골프장으로 갔다. 첫 1번 홀 티잉 그라운드에서 운전한 데이비드 멀리건이 미스 샷을 했는데 3명을 위해 운전한 사람을 배려하기 위해 벌타 없이 치라고 했다. 그 사람의 이름이 멀리건이라고 해서 어원이 된 유래이다.

멀리건은 정식 규칙은 아니지만 다양한 뜻을 내포하고 있다. OB가 나면, "멀리건 받고 다시 하나 쳐, 멀리건!!" 이 한마디는 동반자에 따라 친구는 우정, 비즈니스맨에게는 아부, 그리고 초보에게는 자비를 베푸는 것이다. 멀리건을 지나치게 남발하게 되면 양심 없는 골퍼로 낙인찍히고, 배려를 위해 많은 횟수를 주게 되면 상대에게 실례를 범해 역효과가 난다. 상대에게 양해를 구한다고 해도 많은 멀리건 샷은 원칙에서 어긋난다.

하지만 적절한 멀리건은 사람의 기분을 바꾸기도 한다. 일전에 후배에게 라운드를 가자고 제안한 적이 있다.

"골프 한번 치자."

"형, 논문 때문에 그럴 여유가 없어요."

"매일 본다고 되는 것도 아닌데 바람 쐴 겸 갔다 오자. 내가 골프장 부킹할게."

"아…… 네"

그는 내키지 않는 기색이 역력했지만 수락했다. 약속 당일. 플레이를 하는데 역시나 그는 집중을 못 했다. 집중 못 하는 그를 보다가 내가 제안을 한 가지 했다.

"오늘 멀리건을 자유롭게 쓰고 볼도 두 개씩 치는 것은 어때?"
"네? 진짜요?"

그는 놀란 표정을 지으며 되물었다. 제안한 것들은 누구보다 내가 싫어하는 것을 알고 있기 때문이다. 나는 그간 규칙에서 벗어난 행위는 핑계에 불과한 것들이라는 생각이 있었다. 변질된 배려는 또 다른 배려를 낳게 되고 결국 그것들이 반복되면서 골프의 본질에서 멀어진다고 생각했기 때문이다. 그런 것들을 엄격하게 지키는 사람이 먼저 제안했으니 놀랄 법도 하다.

몇 개의 홀을 지나면서 변화가 생겼다. 부담감을 내려놓으면서 그는 긴장이 풀렸고 집중하기 시작했다.

"옆에 경치와 코스 둘러봐. 너무 좋지 않아. 녹색의 잔디를 보니 머리가 맑아지지."
"응. 형! 진짜 그렇다."
"논문 OB 한번 났다고 생각해. 멀리건 썼다고 생각하고 힘내자!"

모든 것을 완벽하게 할 순 없다. 그렇다고 포기할 수도 없다면 나날이 늘어만 가는 스트레스를 감당할 수 없을 것이다. 그럴 땐 잠시 여유를 갖고 인생의 멀리건 한 번 써보는 것은 어떤가. 어쩌면 그렇게 스트레스를 받던 것들도 한 걸음 물러나서 바라보면 의외로 쉽게 풀릴지도 모르니까 말이다.

41

골프장에 사람이 사라진다

골프장 부킹이 하늘에 별 따기보다 어려운데, 무슨 소리인지 궁금하다. 항상 강조하는 골프 예절에 관련된 일이다. 믿기 힘들겠지만 골프 약속 후 당일 안 오는 골퍼가 늘었다. 골프 입문 과정에서 예절 교육이 없다보니 사태는 심각하다. 특히 골프가 대중화되면서 커뮤니티 이용자의 사례가 빈번한 상황이다.

당일 골프 티타임 시간에 나가야 하는데, 오지 않아 총무는 애가 타는 모습을 많이 봐 왔다. 전화하면 안 받을 뿐 아니라, 전화기를 꺼 놓는 사람도 있다고 한다. 심지어 번호를 바꾼 사람도 있었다고 하니 이해가 안 간다. 골프장 온 사람만 부글부글 속만 태우는 상황이다. 예전에 골프는 자신의 '부고'가 아니면 골프 약속은 반드시 지키는 것이 하나의 규칙이었다. 그만큼 골프 약속은 절대적이었다.

저는 예전에 골프 라운드가 잡혔는데 좋지 않던 허리가 다시 아프기 시작했다. 대신해 줄 사람을 알아봤지만 그마저도 어려웠다. 사실 갑자기 부탁하는 것도 내키지 않았다. 어쩔 수 없이 아픈 몸을 이끌고 골프장으로 향했다.

장소는 충북에 위치한 곳이다. 버스를 대절해 가는 동안 앉지도 서지도 못하는 상태였다. 18홀을 걷고만 와야겠다는 심정으로 갔다. 코스에 도착해 동반자에게 양해를 구하고 치지는 못해도 같이 코스를 돌겠다고 했다. 경기가 시작되었고 아픈 허리를 부여잡고 걸으면서 찌릿함이 올라와도 꿋꿋이 걸었다. 아파서 전동카트에 타고 있어도 힘든 상황은 변함이 없었다. 동반자 중 한 명이 천천히 스윙하면 괜찮아질 수 있다고 스윙을 해 보라고 권했다.

그의 말처럼 몸을 조심스럽게 일으켜 스윙을 했더니 칼끝으로 찌르는 아픔이 몸을 감쌌다. 결국 스윙은 포기하고 18홀 내내 이를 악물고 버티며 라운드를 종료했다. 처음 골프를 배우면서 어떤 상황에서도 약속은 지켜야 한다고 배웠다. 골프 약속은 다수의 동반자, 골프장, 그리고 자신과의 신뢰를 지키는 행동이다. 약속과 시간에 대한 의미도 약해지는 세상이라지만 사회생활에서 지켜야 하는 것들이 있다. 그중에 기본 중에 기본은 약속이다.

골프는 상호 신의가 생명인 스포츠다. 골퍼는 농담이나 소모적 시간을 허비하러 나가는 것이 아니라 타인과의 약속을 지키기 위함이다. 자신의 시간을 소중하게 여기는 사람은 동반자의 시간 또한 중요하게 생각한다. 약속은 사람에 따라 차이를 두면 안 된다. 중요도의 순서는 있을 수 있지만 약속 자체에는 차등이 없다. 사실 그런 사람치고는 성공한 사람은 보지 못했다. 아니, 성공한 사람도 있고 돈을 많이 번 사람도 있을 수 있다. 하지만 진정 존경받는지는 자신 주변에 사람이 있는지 둘러봐라. 그 사람을 진정 명예롭게 생각하고 공경할까?

42

골프 장비빨(탓)

게임에서 치트키(게임 제작자들만이 알고 있는 비밀키 또는 속임수)가 있듯 골프에도 치트키가 있다. 바로 골프 장비다. 라운드를 위해 캐디들은 골프백을 찾아 전동차에 옮기느라 분주하다. 이때 경기 도우미가 오늘따라 기분 좋게 흥얼거리고 있다. 기분 좋아 보이는 이유는 자신의 고객 클럽을 보고 4명 모두 프로라고 좋아하는 것이다. 옆에 동료 캐디가 부러운 시선으로 바라본다. 시간이 돼서 라운드를 출발했다. 중간 9홀을 돌고 들어오는데 그녀는 피곤한 모습과 짜증난 모습이 영력하다. "언니, 힘들어 죽는 줄 알았어. 프로는 무슨 프로? 장비만 프로야! 볼을 똑바로 치는 사람이 없어!!"라며 한숨 짓는다.

골프는 비거리와 방향성을 목표로 연습한다. 단순해 보이는 2가지의 목표가 골프에서 인생을 배우고 깨달음을 준다. 이것은 욕구와 갈증을 풀어 자신의 내면을 분출해 표현한다. 하위영역에 있는 내기와 경쟁의 욕구에 머무는 것이 아니라 최상의 자아실현이다. 실천의 도달은 노력, 인내, 끈기 쏟아낸 시간의 투자과정이 필요하다.

하지만 빠른 성과를 위해 장비의 도움을 선택한다. 연습의 고통, 지루함을 견디는 힘이 부족한 것이다. 물론 스포츠가 과학인데 장비의 도움을 활용하지 말라는 것이 아니다. 최첨단의 도구도 결국 사람이 움직여서 결과를 만든다. 물리적 노력의 투자과정 없이는 성장의 발판을 구축하지 못한다.

초보 때는 자신의 노력을 탓한다. 노력에도 불구하고 자신이 원하는 성과를 이루지 못하면 마법의 약을 사용하고 싶어진다. 즉, 골프의 치트키를 사용하는 것이다. 골프 장비에 눈을 돌리게 된다. 잠깐 효력을 보지만 거기까지다. 자신의 자아실현은 장비로 충족되지 못해 계속 다른 장비로 교체를 원한다. 자아의 욕구와 갈망은 자신의 노력이 깃들어야 해소될 수 있다. 단지, 장비의 교체는 자기 노력의 회피와 단절을 위한 핑계이고 모면하기 위한 도구로 이용된다.

자신의 내면은 장비와 아이템의 교체만으로 성장시키지 못한다. 결국 마지막엔 초라한 자신과 물건만 남겨진다. 자신의 성장과 자아실현을 위해 힘써야 하는 것이고, 부수적인 이익은 노력의 과정에서 얻어질 뿐이다. 주객이 전도되는 상황을 피해야만 한다. 골프 장비에 눈독을 들이는 것은 골프의 본질에 벗어난 부분에 투자하는 것이다. 골퍼가 신제품 장비에 사족을 못 쓰는 것은 장난감에 욕심을 내는 어린이와 닮아 보인다.

잭 니클라우스(Jack Nicklaus)는 "나의 스윙 기술은 의심한 적은 있지만, 나의 클럽은 의심한 적이 없다"라고 말했다. 우리도 장비를 의심하지 말고 자신의 노력에 의구심을 가져야 한다. 노력에 대한 의심스러운 마음은 성장의 기회로 발판삼아야 한다. 장비에 의지하면 자신의 노력은 등한시하게 되므로 마음의 성장과 기술 능력에 기회를 놓치게 된다.

43

인내력에 따른 골프 장비의 수명

골프 산업은 1997년 이후 급성장을 이루었고 이들은 각자 살아남기 위해 치열한 경쟁을 하고 있다. 때문에 골프 클럽의 종류만 100여 개가 넘는다. 골프 산업만 봐도 우리 사회는 규모 경제에서 속도 경제로 방향을 틀었음을 알 수 있다.

"아무리 제품이 좋아도 길어야 18개월밖에 못 버틴다."

마이크로 소프트 기술 본부장 네이선 마이어볼드

골프 업계에서는 새 제품(드라이버)의 출시 간격을 6개월 정도로 보고 있다. 제러미 리프킨(Jeremy Rifkin)은 제품 주기가 짧아진 이유에 대해 소비자의 주의 집중 기간이 그만큼 짧아졌다는 증거라고 말한다. 하루가 지나고 나면 수만 개의 신제품이 나왔다 사라진다. 소비자는 상품에 활용된 과학기술, 서비스, 상품을 확인조차 하지 못하고 지나가는 경우가 허다하다. 이 결과로 소비자의 인내심은 떨어지고 집중력은 낮아질 수밖에 없다.

발달이 속도에 치중하면서 사람의 욕망을 충족시키는 충분한 시간을 지키기 못하게 되었다. 시간 간격이 짧아져 욕구를 채우지 못하고, 채우기 위해 새로운 제품을 소비하게 된다. 새 제품을 구입하지만 만족과 갈증이 해소되지 않아 헛헛한 마음을 달래기 위해 다른 새로운 것을 찾아 나선다.

요즘 공짜 마케팅이 유행처럼 번지는 것도 인내심이 약해진 점을 잘 이용하는 부분이다. 이 부분은 웹툰에서 쉽게 볼 수 있다. 하루만 참으면 다음 날 공짜로 볼 수 있지만 몇 개월이 아닌 24시간을 참지 못해 결제하는 것을 볼 수 있다. 인간의 인내심과 주의 집중이 결여된 결과를 보여주는 현상이다. 골프 장비 또한 인간 본성을 적절하게 이용하고 있다.

본능적으로 우리는 우리가 가진 것에 쉽게 만족하지 못한다. 즉 흥미를 빨리 잃는다. 우리 손에 있는 것보다 더 좋은 것을 가질 수 있다는 상상을 하면서 말이다. 사람은 갖고 싶은 대상이 어렵거나 선망의 대상이면 차지하고 싶은 욕망이 커진다. 남의 떡이 더 커 보이는 현상이라 할 수 있다. 심리학으로 보면 착시현상이라고 한다. 실제 먹어 보거나 비교해 보면 실상을 깨닫는다.

지금 골프 장비에 인내력이 없는 건 장비의 문제가 아니다. 자신의 문제일 가능성이 가장 크다. 장비 교체를 생각하기 전에 자신의 연습시간, 횟수를 따져봐라. 장비 교체가 답인지는 자신이 가장 잘 알고 있다.

장비 교체에 대한 인내심을 키우기 위해서는 연습이 답이라는 당연한 결론에 도달한다. 오랜된 제품이 아니라면 크게 상관없다. 경험으로 미루어보아, 단언컨대 장비에 따라 사람도, 결과도 달라지지 않는다. 축적된 노력이 가미될 때, 사람도, 결과도 변화가 생긴다.

44

균형과 조화

당신은 균형 잡힌 일상을 살고 있는가? 개인의 일과 삶의 균형을 맞추기 위해 어떤 인생을 선택하고 있는가. 균형을 잡기 위해 양쪽에 똑같은 시간을 투입하면 개인 생활에 만족하지 못한다. 양쪽에 같은 양의 노력이 아닌 상황에 맞는 투자와 포기가 균형과 조화를 이룰 수 있다.

스포츠에서 균형은 중요한 부분이다. 특히, 골프는 볼을 향해 똑바로 서 있는 것이 아니라 몸을 15~20도 정도 기울인 상태에서 빠른 스피드를 이용하기 때문에 균형을 유지하는 게 중요하다. 스윙을 하면서 두 팔과 몸의 조화가 중요하다. 하지만 속도와 방향의 구현물이 욕망을 드러낸다. 즉 거리와 일관성 두 가지를 말이다. 욕심과 급한 마음으로 서두르면 균형 잡힌 동작을 못 한다. 조화로움을 위해 욕심을 포기해야 균형을 이룬다.

골프에서 중요한 지점은 단순히 마지막 동작에만 집중한다고 문제를 해결하는 것은 아니다. 불균형의 해결은 일련의 경로과정에서 조정, 정리가 가능하다. 뾰족한 부분이 솟아 있다면 그 부분을 완만하게 만들어 순탄한 과정을 돕는 것이다. 마지막 멋진 동작을 위해 양념을 치는 것이 아니라 불필요한 동작을 쳐내는 과정에서 자신이 원하는 균형을 만들어 낸다. 골프에서 바람의 방향을 바꿀 수 없듯 인생도 마찬가지다. 우리는 바람을 바꾸는 힘이 없기에 바람을 이용하는 기술을 학습한다.

이 부분은 우리 삶과 닮았다. 우리는 각자의 사회 구성원으로 살아간다. 다른 구성원들 간에 지켜야 하는 권리와 의무가 있고, 타 구성원 간의 균형도 이루고 살아가야 한다. 개인의 사익을 위해 벗어나는 행동을 하게 되면 자유, 권리는 제약을 받는다. 똑같은 모습과 행동을 강요받는 것이 아니다. 자신과 타인이 다르듯 지위와 역할도 각각 다르다. 타인의 지위와 역할을 부러워하는 것이 아니라 자신의 역할을 충실히 수행한다면 균형을 잡아갈 수 있다. 사회의 구성원으로 함께 살아가기 위해 서로 간의 균형을 이루고 있어야 한다. 타자의 가치에 흔들리지 않고 각자의 고유한 인간성을 유지하려 한다.

인간은 균형을 잡아가기 보다는 자신이 잘하는 것에만 몰두하는 경향이 있다. 잘하는 일에 매진하는 모습은 좋지만 주변 사람들과 조화로운 관계를 유지해야 한다. 못하거나 힘든 일이 발생하면 빠르게 포기하는 절반의 인생을 살고 있다. 모든 일에 재능을 보이는 것이 아닌 타인과의 균형에서 지속적인 생활을 이어가야 한다.

스윙도 균형 속에 비조화로 끝낼 수 있고, 조화 속에 불균형으로 마무리할 수도 있다. 인간이기에 불완전하다. 그렇기 때문에 균형과 조화를 유지하기 위해 노력하며 살아야 한다. 불완전한 인간이기에 완벽한 균형과 조화를 이끌어 낼 수 없다. 한 쪽이 기울어도 불완전한 생활 자체에서 완전한 균형을 맞추려하지 않고 자신의 불균형을 맞춰 살아가는 것이 균형 잡힌 생활이 아닐까?

45

부자 골프

어릴 적 아버지와 관계에서 늘 조금씩 불편함을 느꼈다. 아버지의 보수적 성격으로 성장하면서 같이 공유하는 것이 없어지면서 대화도 줄고 갈수록 서먹서먹했다. 우리 부자 관계는 서로 나이가 들어도 똑같았다. 그러던 중 어색한 관계에서 조금씩 마음의 문을 열게 된 계기가 있는데 그것이 골프였다. 골프를 치며 조금씩 서로의 안부를 물었고 그러다 보니 대화의 빈도수가 늘어나게 되었다.

그런데 한 가지 이상한 점은 골프 칠 때, 나는 항상 아버지를 이기고 싶었다. 아버지에 대한 보이지 않는 경쟁심이 있었다. 늘 아버지에게 순종하는 아들이었지만 한편으로 골프 칠 때는 경쟁의 대상자로 생각했던 것이다. 경쟁의 관계라기보다는 실력이 좋은 아버지를 이겨 인정받고 싶은 욕망이 많았다. 즉 다른 일을 통해서는 함께 하지 못하는데 유일한 연결고리인 골프를 통해 아버지와 많은 대화를 하고 실력을 인정받고 싶었던 마음이었다. 골프를 잘하기 위해서는 꾸준한 연습, 인내, 고통이 따르는데 이 부분을 잘 알고 있는 아버지에게 노력의 과정을 인정받고자 했었다.

아버지는 싱글을 치셨지만 항상 연습하셨고 노력하셨다. 지금 생각해 보면 충분히 이해가 가는 부분이다. 숙련되는 과정은 지난한 시간과 열정적인 모습의 본보기였다. 잘하지만 더 잘하기 위해 노력하는 모습이 자연스럽게 나에게도 녹아들었다.

자식을 사랑하는 마음은 다른 아버지만큼, 아니 더 했다는 것은 늦었지만 지금은 충분히 알고 있다. 아버지는 군인의 직업적 환경에서 어린 시절 함께 보낸 시간이 적다보니, 공감부족, 애정표현이 서툴렀기에 본심과 다름을 느낀다. 그래서 내 아들에게는 내 마음을 정확하게 표현하고 싶다. 나의 아버지와 매개를 만들어 준 골프를 아들과 함께하고 싶은 이유이다. 부자관계를 서로 친구 같은 관계, 공감해 주는 관계로 아들과 오랫동안 함께 공유하고 싶다. 즉 더 표현하고 공감하는 마음으로 이해관계를 맺어야겠다. 아버지를 통해 나를 보게 되고 다시 아들을 바라보면서 아버지와는 다른 친밀한 관계를 맺기를 원한다.

아들을 낳고 나서 2018, 2019년 par3에서 한 번에 들어갈 확률이 1만 2000분의 1의 홀인원을 두 번 했다. 어려운 확률을 뚫고 홀인원을 하면 하는 일이 잘 된다고 하는데 중요한 것은 따로 있다. 아들이 홀인원에 대해서 알게 돼서 물어본다. "아빠! 골프 한 번에 넣었어요?" "응. 한 번에 넣었지!" "와! 아빠, 진짜 잘한다. 최고!"라고 이야기한다. 나는 "아들! 좀 더 크면 엄마랑 아빠랑 같이 골프 치러 갈까?" 물어보면 씩씩하게 "좋아요! 같이 가요." 대답한다.

지금부터 설렌다. 골프 코스에서 해주고 싶은 이야기가 너무 많다. 끝이 없는 학습의 공간이다. 공부보다 인생에 대해 깨닫고 올바른 인간이 되기를 바라는 아빠다. 다른 어떤 공부보다 인생을 깨닫는 데 필요한 부분이 골프장에 널려 있다.

부자 골프, 아버지와 나 그리고 아들이 함께 즐길 수 있는 시간을 기다리고 있다. 우리 부자의 만남은 인연이지만 관계는 노력이다. 인간관계 노력의 선상에서 보면 골프는 서로를 연결하는 고리임이 자명하다. 경기의 내용보다는 부자가 함께 하는 골프, 벌써 가슴이 타들어 가면서 두근거린다.

46

백돌이(골린이)의 꿈 ~~보기 플레이어

골프에 100타 치는 골퍼를 백돌이라 부른다. 요즘의 골린이와 같다. 백돌이는 골프에서 수난의 시기다. 상대에게 좋은 먹잇감으로 환영받는다. 내기에서 돈을 잃으면 동반자가 불쌍하게 생각해 돌려준다. 고수에게 핸디로 돈을 받아도 자신의 돈을 더 잃게 마련이다. 백돌이의 슬픈 사연은 골프 초기에 겪는 이야기다.

100타를 깨고 90대 진입을 위해 필수사항이 있다. 첫째, 드라이버가 OB(out of bounds)가 없어야 한다. 똑바로 멀리 치지 않아도 자신의 볼 구질을 알아야 가능하다. 둘째, 타수를 낮출 수 있는 정확한 숏 게임이 필요하다. 이 2개가 합해지면 연습의 노력과 경험치가 어울러져 90대는 물론이고 80대 타수가 가능하다. 하지만 백돌이는 이런 부분이 없어도 벗어날 수 있다. 즉 90대 타수가 가능하다.

위에 말한 정도의 능력이면 90이나 80대가 아닌 70이나 80대도 가능하다. 백돌이는 아직 갖출 수 없는 능력이다. 스윙 비법과 기술의 향상이 아니어도 '판단력과 전략'이면 가능하다. 백돌이는 골프를 치면서 골프코스에서 좋은 상황보다 어려운 상황에 직면하는 경우가 많다.

이때 명석한 판단에 따라 점수가 달라진다. 백돌이의 타수는 더블보기와 트리플보기로 점수를 높게 만든다. 쉬운 홀보다 어려운 홀일수록 냉정한 판단이 필요하다. 대부분 Par 4에서 두 번에 올리는 전략을 구사한다. 자신의 상황을 정확하게 판단해 세 번 또는 네 번에 올리는 전략을 짠다. 무리하지 않고 실수를 줄여야 확률이 높아진다.

벙커나 어려운 러프에 들어가면 자신의 샷을 질책하며 만회하려고 한다. 이 상황에 올바른 판단이 원하는 경기로 이끌어 간다. 어려운 샷이 프로처럼 홀 옆에 붙는 상상은 버려라. 우선 그곳에서 탈출하는 게 최상의 시나리오다. 그다음에 좋은 장소에서 확률 높은 샷을 해야 한다. 그래야 더블보기, 트리플보기 이상을 하지 않는다. 순간의 판단과 전력이 자신의 점수를 높이거나 줄인다.

골프는 코스 매니지먼트를 잘해야 한다. 잘 알겠지만 매니지먼트는 쉽게 말하면 목적에 맞게 잘 다루거나 풀어나가는 것이다. 코스에서 그린까지 도달하기 위해 막연하게 치는 것이 아니라 장

애물, 위험요소를 피해 공략한다. 코스는 그린까지 막힘없이 시야에 들어오는 홀이 있고, 그린이 보이지 않는 블라인드 홀도 있다. 난이도에 따라 전략과 판단력을 시험한다.

티잉 그라운드에서 그린이 안 보이면 무리하지 말아야 한다. 안전과 시야가 확보된 지점까지 보내기 위해 드라이버가 아닌 다른 클럽을 선택한다. 깊은 잔디나 나무 밑에서 샷을 할 경우 치기 좋은 장소로 볼을 빼야 한다. 그린 주위에 벙커가 있다면 벙커 전까지 보내고 다음 샷으로 승부를 본다. 하지만 백돌이와 초보 골퍼는 어떤가? 백돌이기에 이런 실력이 없다고 할 것인가? 이건 실력의 문제가 아니라 자신의 판단과 전략의 승부다. 코스설계 의도를 알게 되면 조금 쉽게 접근이 가능하다. 홀을 무조건 어렵게 만들지 않는다는 것이다. 어려움과 난관을 극복하면 보상이 주어지게 꾸며 놓는다. 즉 무리한 시도에는 처벌이 기다리고 있다.

우리의 인생도 모든 면에서 100% 만족하는 실력을 갖추고 있지 못하다. 물론 실력을 키워 인정받아야 하지만 상황에 따라 전략이 필요하고 순간의 명석한 판단이 자신에게 기회를 가져다준다.

47

당신의 성장에 필요한 시간은 단 10분이다

혹시 무언가를 하려고 할 때 시작 전까지 과정이 오래 걸리지 않는가. 책상에 앉아 독서를 할라치면 책상이 좀 지저분한 것 같아 정리하고 손톱도 깎아야 하지 않는가. 이렇듯 뭔가 하려고 하면 과정이 오래 걸리는 사람이 있다.

골프도 마찬가지다. 골프 라운드 자체가 연습이라고 말하는 사람들이 있다. 자신은 꼭 옷을 갖춰 입고 클럽을 잔뜩 들고, 캐디가 있어야 연습이 잘 된다나 뭐라나. 그러다 보니 진정 연습은 라운드 갈 때 빼곤 할 수가 없으니 실력이 늘 겸손한 것은 시간 탓일 게다.

프로는 연장 탓을 하지 않는다. 굳이 돈을 지불하며 연습장을 방문해 볼을 치지 않아도 연습이 가능하다. 몸을 움직일 수 있는 한 평의 공간만 있으면 훌륭한 연습장이 된다. 집안, 주차장, 놀이터 등 어디든 가능하다. 클럽이 있으면 좋지만 없어도 맨손으로도 가능하다. 사람이 적은 공간을 찾고 설사 지나가다가 보더라도 신경 쓸 필요 없다. 의욕이 없어서가 아니라 시작을 하지 못해 한 걸음 전진하지 못한다. 많은 시간이 아니라 작은 시간 단 10분이다. 어느 공간이라도 가능하고 클럽 없이 맨손으로도 가능하다.

고작 10분 연습에 볼도 안치고 성과가 있다는 걸 인정하지 않는다. 해보지 않은 사람이면 의심하고 그 시간에 변화가 있겠느냐고 반문하거나 포기한다. 왜냐하면, 10분에 숨겨진 원리를 파악하지 못한 것이다. 변화는 급격하지 않고, 시작은 작은 단위로부터 일어나는 원리이다. 짧은 시간에 완성을 이루려 하니 중요한 부분을 잊는다.

정확하게 10분 동안 스윙의 결과를 만드는 목적이 아니다. 10분 실행으로 자신을 재평가한다. 재평가는 계획대로 실천하고 있는지, 실천을 위해 일상의 균형을 맞춰 생활하고 있는지에 대한 것이다.

10분의 원리가 지속되면 초반에 어려움을 극복하게 되고 몸을 움직이기 쉬워진다. 이렇게 시작한 연습이 유지되기 시작하면, 재미가 붙고 집중하게 된다. 꾸준한 몸의 움직임이 쌓여 자신의 생활패턴을 변화시킨다. 이것이 10분의 규칙이고 작은 움직임이 쌓여 큰 움직임으로 이어지는 것이다. 작은 몸짓이 없는데 큰 행동이 있다고 생각하는가.

예전 골프 강의 때 연습 스윙을 셀프로 촬영해서 올리는 방식을 시도한 적이 있다. 연습 스윙과 볼을 치는 영상을 올리면 교정하는 방법을 알려주고, 그것을 다시 촬영해 올리는 형태의 레슨 방식이었다. 많은 사람이 열정을 가지고 영상을 올렸다. 놀이터, 사무실, 주차장, 집안, 연습장 공간이 허락하는 곳이면 클럽 없이 영상을 업로드했다.

상대방의 신뢰를 얻기 위해 실천의 결과물이 필요했다. 왜냐하면 말보다 행동이 상대의 불안함을 강력한 믿음으로 바꿔주기 때문이다. 꾸준히 연습해 영상을 같이 올리기 시작했다. 그리고 과정에 고통은 따랐지만 결과물은 달콤했고 놀라웠다. 비거리가 270야드 정도 나오는 것이다. 단지 하루 10분의 투자가 만든 결과다.

자신을 변화시키고 싶다면 아주 작은 일부터 시작하는 것이다. 10분의 연습도 좋고, 아니면 더 조각을 내 10번으로 출발해도 된다. 첫 번째 임무를 완주하면서 작은 뿌듯함과 용기를 얻는다. 여러 과제를 쪼개 처리하게 되면 성과도 쌓인다. 사소한 일이 인생에서 중요한 역할을 하는지 깨닫게 된다. 사소한 일을 제대로 할 수 없다면, 큰일 역시 절대 해내지 못한다. 자신이 마음먹고 행동하는 순간이 실천의 순간이다.

48

선수의 멘탈(화를 참는 것)

2019년 9월 KPGA(한국프로골프협회) 남자 골프대회 마지막 라운드에서 사건이 발생했다. 티샷 도중에 갤러리의 잡음과 셔터 소리에 선수가 관중을 향해 가운데 손가락 욕설로 화제가 됐다. 또 드라이버를 땅바닥을 내려치는 행동을 보였다. 생중계된 장면은 여과 없이 시청하던 골프팬들에게 노출되면서 물의를 빚었다. KPGA 상벌위원회에 회부되어 선수에게 자격정지 3년, 벌금 일천만 원이 부과되었다. 그러나 3년의 시간은 과하다는 여론으로 1년으로 줄어들었다.

골프를 하는 사람으로서 영상을 다시 보았다. 내가 선수라도 화가 났을 상황이었다. 고도의 집중을 요하는 순간 작은 잡음이라도 귀에 거슬리기 때문이다.

하지만 무엇보다 중요한 부분은 그는 '프로'라는 것이다. 돈을 받고 일하고 경기를 통해 상금을 받는 사람이다. 게다가 관중이 자신과 근접 거리에 있는 것을 암묵적으로 동의하고 게임에 임한다.

무엇보다 내가 가슴이 아프고 실망한 부분은 관중에는 어린 골프 팬들도 있었다는 점이다. 아이들은 모방이 빨라 훗날 일이 제대로 되지 않는다면 손에 든 무엇이든 내던져도 괜찮다고 생각할 수 있다.

양궁 선수는 관중의 야유와 혼란을 이겨내기 위해 시끄러운 상황을 만들어 준비한다. 축구도 패널티킥 상황에서 상대 관중은 야유를 보낸다. 또 농구는 자유투를 하면 자신이 응원하는 팀 선수가 아니면 야유를 보낸다. 농구는 마치 하나의 문화처럼 되어 있어서 선수는 상황에 개의치 않는다.

타 종목처럼 골프선수도 미리 준비해야 한다. 자신이 외부환경을 변화시키지 못하면, 스스로 자신을 바꿔 문제를 해결하면 쉽다. 왜 이런 말이 있지 않은가. "연습은 실전처럼, 실전은 연습처럼" 지극히 평범하게 들리는 말이지만 프로라면 철저히 뇌에 각인시켜야 할 것이다. 관중의 소음도 경기의 일부다. 프로는 프로답게 관중과 시합에서 스스로 제어할 능력을 키워야 한다.

인생이든 시합이든 어떤 상황을 맞이할지 모른다. 매사 화가 난다고 자신의 감정을 이곳저곳에 화풀이 하고 다니면 주변 사람은 당신을 피한다. 자신을 자제하는 습관이 필요하다. 화가 치밀어 오를 때 딱 3번 만 심호흡을 해보길 바란다. 그리고 화를 낸 이후의 상황을 상상해 보라. 이미 상황은 지나가 있을 것이다.

49

숫자에 관심이 많다

우리는 태어나면서부터 치열한 서열잡기, 1등을 차지해야 세상 밖으로 나올 수 있었다. 그래서일까? 인간 삶은 숫자에 관심이 크다. 인간의 생존 욕구와 연결되어 보인다. 사회는 숫자로 서열을 분류한다. 관계의 첫 시작은 나이다. 성장하면서 나이뿐만 아니라 다양한 숫자에 관심이 쏠린다. 몇 등? 몇 점? 몇 권? 몇 평? 몇 대? IQ? 연봉? 키? 몸무게? 나열하기도 힘들다.

왜 숫자에 관심을 갖는 것일까? 사람은 숫자로 타인보다 자신의 인생이 우위에 있음을 확인하려 한다. 내가 우월한 사람이고 인생을 잘살고 있다는 자기만의 위안 말이다. 하지만 인생이 숫자로만 결정되지 않는다. 점수, 연봉, 평수 등 숫자가 많거나 높다고 꼭 행복한 것은 아니라는 말이다.

골프도 숫자와 상관이 있을까? 골프만큼 숫자에 민감한 스포츠도 없다. 기본 경기의 승리방식은 적은 숫자를 기록하는 것이다. 버디와 파를 많이 하고, 보기, 더블보기를 적게 하는지가 큰 관심사다. 즉 숫자놀이다. 적게 친 숫자를 가지고 다시 서열을 정한다. 순위 정리가 끝나면 프로는 상금, 아마추어는 내기로 숫자(돈)를 분배한다. 인간의 시작이 숫자이듯 골프에서도 시작과 끝이 숫자이다. 마치 인생이 숫자 놀이처럼 느껴지기도 한다.

숫자에 대한 집착과 관심으로 "몇 타 쳤어?"가 큰 관심거리다. 점수의 집착은 상호간 틈이 생기는 계기를 만든다. 숫자는 골퍼의 감정을 미묘한 간극으로 그날, 앞으로 골프를 멀리하는 결과를 초래한다. 삶에서 숫자가 최종 목표와 목적이 아니듯 골프에서도 마찬가지다. 누구나 적은 타수(숫자)만을 위해 골프를 즐기는 것은 아니다. 사람의 평가를 숫자로 결정하지 않듯 골프도 마찬가지다. 골프는 숫자를 제외하고도 노력, 인내, 집중, 관계를 자신의 성장 척도로 활용 가능한 도구이다. 사람을 줄 세우기 시작하면 격차는 발생하기 마련이고 차별의 원인이기도 하다.

사회 역시 마찬가지다. 사람이 모이는 학교, 직장, 동호회에서 자연스럽게 분리된다. 집단은 서열을 분류해 2등은 1등을 잡으려 안달이고, 1등은 방심하지 않는다. 2등과 그 밑에 등수도 똑같은 노력을 한 사람이다. 단순 숫자 놀음으로 사람의 차별과 차등은 지양하고, 숫자가 높고 낮음과 상관없이 상대에게 무례하지 않아야 한다. 상대적 약자라면 보호하고 수평적 시선에서 바라봐야 한다. 숫자는 차별에 정당화를 부여받지 못했다. 어느 누구도 숫자에 권력과 권위도 주지 않았다.

숫자는 평가의 잣대로 휘두르면 안 된다. 사람은 숫자에 관계없이 각자의 경험, 철학 그리고 관계에 대한 통찰을 간직하며 살아간다. 서로가 존중에 존중을 기해야만 한다. 상대방을 짓밟고 휘두르는 폭력의 수단이 아니다.

점점 우리는 본질을 보지 못하는 장님이 되어가고 있다. 숫자에 가려 처음부터 가진 그 본연의 성질이나 모습을 잃어간다. 삶의 규정은 숫자로 단정 짓는 것이 아니다. 숫자의 경험이 인생의 긍정으로 발효되면 문제 없지만 부정의 경로는 썩어가는 외로움의 길을 맞이한다. 숫자의 중요도는 결과와 관련 있지만 과정은 성장을 올바른 길로 인도해준다. “오늘 80대 쳤어!” 보다 골프 과정 중 사유를 실현해보면 숫자 놀이의 삶보다 새로운 삶의 가능성을 부여받는다.

50

성공을 위해 인맥관리 어떻게 하시나요?

골프는 배우는 과정이 힘든 스포츠다. 시간만 길게 투자했다고 만족할 성과를 보기 힘들다. 골퍼는 과정을 알면서도 관리하지 않는다. 어떤 일이든 잘하기 위해서는 관리를 위한 노력이 필요하다. 연습에 필요한 시간 관리, 오늘 안 된다고 포기하는 것이 아닌 꾸준한 투자 관리, 심리적으로 흔들릴 때 여유를 누릴 수 있는 마음의 관리 등이다. 하지만 개그맨의 말처럼 '그걸 아는 사람이 그래' 라는 것처럼 등한시한다.

'하나를 보면 열을 안다'라는 속담처럼 골프를 잘하기 위해 관리 안 하는 사람이 다른 분야에서 성공을 이룰 수 있을까? 주말 골퍼는 프로선수처럼 스윙 자세, 체력, 심리 등 경기력 관리로 우승을 말하는 게 아니다. 아마추어의 중요한 골프 관리는 골프 실력을 쌓는 과정에서 자신의 관리와 관계에 초점을 맞춰야 한다.

우리는 골프를 통해 자신의 통제와 성공적인 인맥 관계를 확장시켜 나간다.

통제는 자신의 처지를 정확하게 인지해야 만족한 결과를 이끌어 낸다. 골프는 경쟁의 욕심으로 자기조절을 관리하지 못하면 우승하지 못하거나 점수를 잃게 마련이다. 삶에서도 절제가 어렵다면 외부요인에 쉽게 흔들린다. 금전 유혹, 물질 피해, 규칙을 파괴해 편리함으로 인성의 파멸을 맞이한다.

하지만 골프는 자신을 조절하고 통제하는 힘을 길러준다. 연습이 안 된 샷을 경기에서 무리하게 적용하면 손실을 보게 된다. 자신에게 가장 숙달된 부분, 연습을 많이 한 부분을 실행해야 한다. 실수할 것 같거나 위험하다 판단되면 안전한 지역을 찾아야 한다. 물을 건널 때는 비행거리가 짧은 지점을 찾고, 벙커를 피해, 그린의 넓은 부분에 안착시킨다. 행동이나 상황에서 자제력이 높아지면 감정 통제의 힘은 강해진다.

우리나라에서 성공 모델은 최경주 선수다. 그는 대한민국 최고의 위치를 버리고 골프 강국인 미국으로 도전 길에 올랐다. 자신의 모든 경력을 버리고 처음부터 다시 시작한 것이다. 최 선수 성공에는 많은 요인이 있다. 하나가 아니라 인내, 통제, 성실, 겸손, 관계 등 상호보완으로 단단함을 구축했다는 뜻이다. 결국 자기관리의 성공은 인생과 골프에서 성공을 이루었다.

스윙은 하루 이틀 연습한다고 정제되지 않는다. 나의 폼이 유지되는 것이 아니라 당일 상황에 따라 달라진다. 그만큼 연속성을 위해 꾸준한 관리가 중요한 것이다. 지속적 관리란 오로지 지속하는 부분에만 존재하는 과정의 성과다. 매 순간 계속하지 않으면 과정 중에 스윙의 형태와 인생의 틀이 바뀔 수밖에 없다. 성공했다는 착각에 멈춰있거나 관리하지 않으면 순식간에 무너진다.

지속성은 무엇을 관리해야 하는가? 감지되지 않는 감응, '나'를 관리해야 한다. 시간이 축적된 노력은 눈이 보이지 않고 측정되지 않아 관리의 어려움이 있다. 노력을 감지하기 위해서는 평가 도구 활용이 필요하다. 어제, 오늘 연습이 자신의 달라진 점을 체감하지 못한다. 느낌만을 중요시하게 된다면 실제 노력을 측정하지 못하고 불안함을 느낀다. 심적 불안함과 의심을 극복하기 위해서는 노트로 하루의 기록을 남겨야 한다.

우리는 변화와 차이를 잃어버리지 않기 위해 기록해야 한다. 스윙의 변화는 눈에 보이지 않기 때문에 기록하지 않으면 과거와 현재 자세가 어떻게 변화했는지 그 차이를 알 수 없다. 인생도 그날 대충 살게 되면 과거에 대한 반성이 없어 미래에 대한 성숙의 변화를 느끼지 못하는 것과 같다. 곧 기록은 특별한 일을 쓰는 것이 아니라 쓰다 보면 특별해진다. 한 달간 운동을 평가해 본다. 어떻게 스윙하고 있는지, 얼마나 연습했는지, 기록이 말해준다. 느낌에 대한 평가가 아니라 객관적인 기록을 통한 평가를 할 수 있다.

기록을 평가할 때, 반성, 이미지, 영상으로 나눈다. 반성은 연습 목표와 시간, 이미지는 그림, 영상촬영이다. 기록 내용은 길든 짧든, 잘 그리든 못 그리든 상관없다. 기록이 쌓이면 이해와 기억으로 변화를 몸으로 체감한다. 시간이 흘러 기록을 확인하면 성장의 흐름을 안다. 자기 관리가 눈으로 축적된 변화로 나타나지 않으면 지속력이 약해진다. 사람이라면 누구나 겪는 고통이다. 그래서 관리가 필요하다.

51

인생 프로가 골프 프로에게

공감은 자기중심주의와 이타주의 사이의 간극을 연결해주는 다리로 딱 들어맞는 것 같다. 다른 사람의 불행을 나의 괴로운 감정으로 바꾸는 특성이 있기 때문이다.

마틴 호프만

"골프 연습장만 가면 혼나서 영 가기가 싫어져요."

과연 그들은 상대를 어떤 입장에서 바라보고 있을까? 그들의 교육 형태를 보고 있자니 먼저 "공감"이라는 단어가 떠올랐다.

실제로 많은 분들이 위와 같은 말을 한다. 골프를 모르니까 배우러 갔는데 모르기 때문에 더 혼난다는 것이다. 그의 말이 무슨 말인지 알겠다. 사실 티칭프로 중 불친절하거나 자신의 기준에 맞춰서 알려주는 사람들이 많다. 티칭프로의 강사는 자신은 알고 있는 내용이라 당연히 주말골퍼도 알고 있다는 자기 기준의 잣대로 학습을 하는 것이다. 잘 가리키는 것의 기준에는 인간관계의 핵심 열쇠인 공감과 소통이 있는데 그 기본을 무시한 처사이다.

초보는 말 그대로 '클럽'이 뭔지도 모르는 초짜인데 그들이 모르는 것을 답답해하는 것이다. 실제로 윽박을 지르기도 하니 가뜩이나 긴장한 초보들은 연습장을 가기 싫은 것은 두말할 나위 없다. 특히 여성은 남성보다 기본정보와 근육량이 떨어지다 보니 속도도 더딘 편이다.

지도자는 배우는 사람을 고려해야 한다. 측정 장비의 발달은 인간이 측정할 수 있는 것보다 정교하고 정확하게 측정할 뿐이지 골프가 그게 다는 아니다. 장비만 우수하다고 다 잘 칠 수 있는 것도 아니다. 장비를 다루는 것도 사람이고, 장비에 적응되는 것도 사람이면 결국 골프에서 중요한 것은 장비를 사이에 두고 사람과 사람 간의 배움과 가르침이다.

골프 레슨은 온전히 두 사람만의 관계를 맺는 시간이다. 거리의 가까움뿐만 아니라 상대 마음을 이해하려고 노력해야 한다. 단지 골프기술을 전달하는 시간이라 간주하지 말자. 배움의 과정은 인내와 인내의 연속이다. 그것을 가장 잘 아는 사람이 프로다. 프로는 연습 과정에서 못함과 잘함에 대한 2개의 감정 경험을 가진 사람이다. 그들은 일방적인 교육이 아니라 공감을 원하고 필요로 한다.

교육생을 마치 초등생처럼 대하길 바란다. 그들은 아무것도 모르기 때문에 하나부터 열까지 차근차근 반복적으로 알려줘야 한다. 그 과정은 오히려 자신이 발전하는 시간이다. 교학상장(教學相長)이라고 했다. 곧 가르치고 배우면서 성장한다는 말이다. 가르치면서 깨닫는 것은 기술이 아니라 부족함과 어려움을 깨닫게 해준다. 그들의 감정을 배우며 더불어 발전한다. 그리고 감정의 공감은 자신에게 행복감을 안겨준다. 공감하는 마음이 우리 인간에게 선사하는 선물인 것이다.

차라리 이렇게 상상해보라! 내가 반드시 이 사람만큼은 끝까지 가르치겠다는 마음 말이다. 절대 우월한 위치와 지위는 없다. 골프는 함께 하라고 만든 스포츠다. 승자와 패자가 있지만 그들 모두를 아우를 수 있는 것이 골프다. 애덤 스미스(Adam Smith)는 "상상 속에서 고통 받는 자와 처지를 바꾸어 보는 것"이라는 말을 남겼다. 골프를 통해 맺은 타인과의 관계에 깊은 공감은 자신을 더 행복하게 만든다. 오늘 교육생과 밥 한 끼 어떤가.

52

골프가 공감하는 관계로 만들어 준다

인간 본성에서 가장 뿌리 깊은 법칙은 인정받기를 갈망하는 것이다.
윌리엄 제임스, 미국 심리학자

"왜 골프를 하는가?" "골프를 타인에게 권하는 이유가 뭘까?"라는 물음에 생각이 많다. 생각해 보면 이유는 사회 속에서 관계를 맺고 그 속에서 경쟁하며 자신의 가치를 인정받고 살아있음을 확인하기 위함이 아닌가 생각한다. 즉 상대의 공감을 얻고 관계를 유지하기 위함이다. 예전에는 골프 경기에만 치중했다면, 지금은 다양한 관계를 통해 깨닫고 배운다.

인간은 사회 속에서 세력을 얻고 서로 교감하는 뛰어난 도구가 있다. 바로 공감 능력이다. 그것을 발전시켜 적절히 활용하면, 우리는 남의 생각과 기분을 이해하게 된다. 타인의 행동을 미리 예측하고 반발을 부드럽게 누그러뜨릴 수 있다. 유용한 도구의 칼날이 둔해지는 이유는 사람이 무관심으로 자기 안에 매몰되기 때문이다.

인간은 관심에 대한 욕구를 가지고 태어났다. 즉 누구나 관심에 목말라 한다. 관심은 피부로 와 닿아야 느껴진다. 누군가 쳐다본다든지, 말을 건다든지, 이렇게 하면 살아 있다고 자각한다. 타인의 관심은 나를 알아주고 인정받는 것이다. 인간이 자신의 존재가치를 확인하는 방법이다.

인간 진화는 끊임없는 교류를 통해 발달했다. 인간의 지능이 좋아지는 데에는 사회를 통해 맺은 관계와 복잡한 교류가 큰 역할을 했다. 인간 뇌의 진화, 사회적 교류 그리고 관계는 몸을 움직이면서 시작되었다. 이 말은 몸의 움직임이 공감을 받기 위함이라는 말과도 일맥상통한다고 본다. 타인에게 인정받고 소외당하지 않기 위해 경쟁한다는 것이 그 증거다. 움직임을 통해 타인과의 경쟁에서 우위에 서고 공감을 받고 싶다는 것이다.

공감받는 것은 학습 중에도 똑같은 현상이 일어난다. 학습자는 잘하고 있는지, 얼마큼 해야 하는지, 얼마나 잘해야 하는지, 어떻게 해야 하는지 관심받고 싶어 한다. 당신이 무엇을 할 때 열심히 한다면 선생님에게 관심을 받고 싶어지는 것은 인지상정이다. 모든 인간은 인정받고 싶은 욕구가 있다. 인정을 받게 되면 사람은 더 열심히 하게 되면서 스스로 동기 욕구를 가지게 된다. 사회생활에서도 마찬가지이다. 교육자는 공감과 관심을 가지지 않으면 상대방의 행복, 기분 예측, 기대 부응을 할 수 없다. 골프를 가르치는 사람은 익숙한 숙련자라 비숙련자의 못하는 것을 이해하지 못하는 경우가 많다. 잘 가르치고 못 가르치는 것은 둘째이다. 즉 학습자의 입장에서 얼마나 공감하는 태도를 보이는지가 더 중요하다. 단순 공감이 아니라 정말로 상대를 이해한다는 느낌을 전달해야 한다.

상대에게 공감하는 마음을 온전히 전달하는 방법은 대화다. 대화는 공감의 태도를 드러나게 해주고 변화를 주는 좋은 수단이다. 첫째, 상대의 언어와 관점으로 들어라. 상대 이야기에 온전히 귀 기울이고, 자신의 말을 줄이면 상대의 호감을 얻게 된다. 보이지 않고 숨겨진 의도를 파악한다. 둘째, 상대방 실수를 주변 상황과 고려해 본다. 자신의 실수는 주변 환경에 비춰 너그럽게 넘어간다. 그렇지만 상대 실수는 일말에 용서가 없다. 상대의 인격이나 행동이 잘못되었다고 생각하는 것이다. 오히려 상대방의 행동이 선한 의도에서 출발했다고 생각하자. 또한 인격도 정상이라고 생각하자.

이 관점으로 골프를 가르친다면 무엇이 문제인가? 골프뿐만이 아닐 것이다. 학습자와 교육자는 서로 친밀한 공감 관계를 유지할 수 있다. 단지 돈을 내고 배우는 사람, 돈을 받고 가르치는 사람의 관계보다는 성숙한 관계를 맺을 수 있다. 골프가 공감하는 능력을 발전시켜 준다.

53

지금 이 순간 무엇을 하는가?

골프가 잘 안 되는 핑계는 골퍼 수만큼 있다고 한다. 우리나라 골프 인구가 386만 명 정도라니 그만큼이라는 이야기다. 골프를 하면 할수록 변명은 다양하고 는다. 가령 잠을 못 잔 변명부터 과로, 날씨, 클럽, 캐디의 불친절, 하필 어제 부상, 골프장이 멀어서, 아침을 못 먹어서 등등의 이유이다. 가장 많이 하는 변명은 이렇다. "오늘은 왠지 안 되네." 정말 오늘만일까? 하지만 자신도 잘 알고 있다. 노력의 부재로 실력이 부족하다는 것을.

핑계의 이면에는 자신을 보호하고 노력의 부족함을 덮으려면 마음이 있다. 변명은 자존감을 지키기 위한 하나의 구실에 지나지 않는다.

스스로 진실을 직면하는 것은 생각보다 쉽지 않다. 나의 약한 모습을 보이는 것이 약점을 노출한다고 생각하기 때문이다. 나의 약점을 동반자들이 알아차리면 그 약점을 공략할 것이고 결국 난 패배할 것이라는 생각 때문이다.

그런데 약점을 노출하면 안 되는 건가? 왜 약점을 감추려고만 할까. 생각해 보면 오히려 타인이 나의 약점을 지속적으로 건드려 주고 난 그것을 보완해 나간다면 지금보다 더 나아지지 않을까?

노력의 부족함은 몸을 움직여 땀을 흘려야 메꿔진다. 생각해 보면 무슨 일이든지 마찬가지다. 생각만으로 자신의 문제, 부족을 발견하지 못한다. 왜냐하면 그 속에서 자신은 완벽한 존재라고 생각하기 때문이다.

인간은 회피 본능으로 모면의 기회를 찾고자 한다. 곧 쉬운 방법을 찾는 것이다. 과정의 어려움을 피하려 하고 결과에 대한 불만족을 적당한 핑계로 덮는다. 힘든 과정을 극복하지 못하고 생각만 하는 것이 아니라 행동으로 최선을 다해야 한다. 최선은 자신의 기준보다 예상을 뛰어넘는 정성과 감탄스러운 힘을 보여줘야 스스로 만족을 느낀다. 그래야 현재에 만족하여 성장의 기회를 삼을 수 있다.

변명이 많은 사람일수록 '지금'만 피하고 보자는 사람들이 많다. 명심하라 '지금'만 피하면 조만간 다시 그것으로 인해 힘들 수 있다. 지금 당신이 변명을 대는 것들을 잘 관찰해보기 바란다. 그것이 '지금' 성장하는 지름길이 될 수 있다.

"퍼터 새로 구입해 처음 사용하는 건데, 오늘 안 되네!" 이 핑계가 상대에게 효과가 있어 또 사용하게 되면 아마도 퍼터 수만 몇백 개가 될 것이다.

54

김정락 씨!!

사람을 처음 만날 때 당신 이름을 상대에게 밝힌다. 왜, 그런 걸까? 나, 자신을 상대에게 각인시키고 첫인상의 정체성을 드러내기 위한 것이 아닐까 생각한다. 부모가 지어준 이름은 의미와 가치가 담겨 있어 자신을 잃지 않게 해준다.

골프장도 캐디가 간단한 코스 소개와 함께 자신의 이름을 밝힌다. 이 절차는 단순히 이름이 누구라고 말하는 것이 아니다. 오늘 자신의 이름을 불러 달라는 메시지이며, 동등한 인격체라고 말하는 것이다.

골퍼 중 캐디의 이름과 상관없는 호칭을 부른다. 나이 많은 여성이 "언니", 남성은 "아가씨"라고 한다. 무례한 골퍼는 반말로 "야", "저기야", "어이"라고 부른다. 옆에서 보면 듣기 좋은 호칭이 아니다. 자신이 자신의 이름이 아닌 막말로 불린다면 기분 나쁠 것이다. 생각해보면 어떤 느낌이고 의미인지 알 것이다.

인간의 인격은 동등하다. 골프장에서 사회적 명성은 필요 없다. 어떤 사람이건 골프장에서는 한 명의 골퍼일 뿐이다. 온전히 자신의 인성을 가지고 행동한다. 골퍼의 인성은 행동의 결과에 따라 판단된다. 사회적 지위, 배경이 아니다. 사회에서 대표, 교수, 연예인, 정치인의 명예로 갑질하는 태도는 자신의 명성을 깎아내리는 행동이다.

캐디는 골프 경기의 중요한 사람이고, 인생으로 치면 조력자다. 자신의 조력자에게 몰지각하게 대하면 될까? 이름 부르는 게 어색할 수 있지만 불러준다면 그만큼 효과가 크다. 이름은 자신을 인지시켜주고 불러준다는 것은 독특한 존재로 확인받는 것이다. 이름을 부르는 동안 특별한 존재로 각인되고 이름을 알고 있을 정도의 돈독한 관계가 형성된다. 또 상대 이름을 불러주고 기억하는 것은 중요한 느낌이 들도록 한다.

호칭은 인간관계의 첫걸음이다. 단순히 대상의 부름이 아니라 관계가 적절히 설정된 호칭은 움직임도 달라지게 만든다. 누군가에게 이름과 직업적 호칭을 함께 부른다면 느끼는 무게가 달라진다. 이름에 님, 대표님, 선생님으로 불러주면 어떨까? 호칭에 예의를 담는다면, 인간관계는 마음의 문을 열고 성숙된 만남의 관계로 발전한다.

상호 존경 속에 똑같은 환대를 요구받는다. 세상에 공짜는 없다. 존중 받고 싶다면, 자신의 태도, 행동에 상응하는 믿음의 자세를 보여줘야 상응하는 대가가 주어진다. 스스로 말과 행동에 책임을 가져야 한다. 호칭은 그 사람을 대표할 뿐 아니라, 인간의 행동과 태도에 영향을 미친다. 어떤 호칭으로 불려지기만을 기다리지 말고 당신이 어떻게 불려지기를 원하는지 상대에게 명시해도 좋다.

개인적인 생각은 캐디님 보다 이름에 '씨', '님'으로 불러주면 잃어버린 자신을 찾는 시간이 된다. 또 자신의 이름 앞에서 최선을 다하는 모습을 보일 것이다. 다른 어떤 것도 아닌 내 이름인데 그렇게 하지 않겠는가. 이름을 불러준다는 것은 상호 존중의 의미도 있고 자신의 품격을 높이는 행동이자 귀한 존재로 바라보는 자세다.

55

힘을 빼면 실력은 자연스럽게 올라갑니다

"잽이죠."

복싱을 배우는 지인에게 상대방을 이길 수 있는 비결이 무엇이냐고 물으니 돌아온 답이다. 하다못해 어퍼컷이나 훅이라는 이야기가 나올 줄 알았는데 그저 툭툭 던지는 잽이라니 다소 의아해 다시 물었다.

"상대방을 견제하는 잽은 방향 지시등과 같아요. 상대가 움직이는 방향으로 마치 더듬이 같이 그곳을 향해야 하죠. 잽을 툭툭 던져보며 상대방과의 거리를 재고 공격을 견제하기도 합니다. 사실 마음먹고 휘두르는 훅이나 어퍼컷은 거의 맞지 않는다고 보면 되요. 오히려 잽이 훅을 휘두를 수 있게 천천히 스토리를 만들어가는 첨병 역할을 하죠. 그렇게 놓고 본다면 복싱은 결국 잽 싸움을 어떻게 하느냐가 경기에서 중요한 것 같아요. 이것을 잘하기 위해 어깨에 힘을 빼야 재빠르고 파괴력 있는 잽이 만들어집니다. 힘 빼는 게 제일 힘들어요."

그의 마지막 말을 들으며 머리를 한 대 맞은 기분이었다. 골프도 힘 빼는 게 그렇게 힘든데 복싱도 힘을 빼야 잘할 수 있다니.

처음 클럽을 잡는 사람들을 보면 힘을 잔뜩 주고 있는 기계 모습이다. 팔과 어깨에 힘이 잔뜩 들어가서 휘두르다 보니 땅 바닥에 클럽을 내리 꽂기도 하고 아니면 볼을 맞추지 못하기도 한다.

첫 시작인 어드레스부터 그립, 백스윙, 다운스윙 그리고 마지막 동작까지 연결이 매끄럽지 못하다. 클럽을 잡고 있는 그립은 세게 잡다 보면 팔에 힘이 잔뜩 들어가 어깨가 하늘을 찌르는 듯한 모양을 하고 있다. 힘이 들어간 동작은 정작 임팩트에서 온전히 힘을 전달하지 못한다. 즉 힘이 분산되면서 멀리 치지도 못하고 방향도 엉뚱한 곳으로 간다. 자신은 느끼지 못 하지만 옆에서 보는 사람은 금방 눈치챈다.

온 몸에 힘이 들어가 한 방을 노리는 것은 집착에서 비롯된다. 멀리 보내려 하고, 한 번에 강력한 주먹을 뻗고 싶은 마음에 사로잡혀 집착하는 욕망을 버리지 못한다. 어딘가에 집착하게 되면 감각의 뇌는 정지해버린다. 변화가 일어나야 익숙한 집착에서 빠져나올 수 있다. 공기가 차단되어야 공기의 필요성을 느끼듯 말이다.

멀리 보내지 못하고 실망스러운 거리를 느낄 때, 가벼운 잽을 날리지 못하고 상대의 공격을 받게 되면 비로소 집착을 버려야 함을 깨닫는다.

집착이 욕심을 낳다보니 버리기가 쉽지 않다. 물론 자신이 하고 싶고 좋아하는 일에서 집착과 욕심을 버리는 게 과연 맞을까? 우리 인생에서 집착을 빼고 무덤덤하게 사는 게 쉽지 않다. 자신의 인생에서 욕심과 집착을 버려야 할 때도 있다. 과유불급이라 넘치면서 도리를 넘어서게 되는 것이 문제다.

우리 인생은 힘 빼고 무덤덤하게 일하는 게 힘들다. 자신의 일이 잘되면 욕심 부리고 성과를 올리기 위해 집착하는 것은 당연지사이다. 집착을 버리기 위해서는 놓아야 한다고 한다. 욕심을 버리면 힘을 빼는 시간이 당겨진다. 버리고, 힘을 빼기 위해서 자신이 반드시 해야 하는 게 있다. 바로 열심히 노력하며 연습하는 것이다. 그냥 가만히 '힘 빠져라!, 버려야지!' 마음 속 울림은 도움을 주지 못한다. 이런 학습은 성장하는 데 방해가 되고 뇌를 정지시켜 놓는 것과 같다. 움직이면서 땀을 흘려야 얻는 것들이 있다. 우리는 알고 있지만 실천하지 못해 힘들어한다. 자신이 움직이면 얻어지는 것이 많다.

56

고통은 인생의 의미를 일깨워준다

"고통을 느껴야 배운다."
벤저민 프랭클린

예전 방송 프로그램에 골프선수 최경주가 나온 적이 있다. 그때 엄지발가락을 보게 되었다. 그의 엄지발가락은 안으로 휘어 수술로 절제를 했다. 그에게 연습은 고통을 주었다. 발가락이 그렇게 되기까지의 노력은 말로 표현하기 어렵다. 인고의 고통을 참고 견뎌 오늘날의 영광을 누리는 것이다.

과연 최경주 선수가 고통만 참았다고 성장했을까? 무조건 참고 견디면 된다고 생각하면 오산이다. 성장의 중요한 이유는 참고 견디면서 문제를 이해하고 해결한 것이다. 성장에는 고난이 있기에 성장을 느낄 수 있다. 몸과 마음이 편하다면 자신이 성장하고 있는 것을 알 수 있을까. 삶에 고통이 있음을 받아들이면 더 이상 힘들지 않고 문제가 되지 않는다. 인생이 고난의 연속임을 받아들이는 것은 고통을 온전히 이해했다는 것이다. 우리는 인생에 고통은 없어야 하고 편해야만 한다는 관념이 머리에 각인되어 있다. 인생의 편리함만 추구한다면 어렵고 고통이 수반되는 일을 하지 않는다. 현대 사회의 편리함이 정확한 해답일 수 없다. 누구나 인생은 고달프고 고난과 문제투성이다. 어쩌면 고통은 삶의 진실을 말해주는 것이기도 하다.

최 선수는 인터뷰 중에 후배들에게 '용기'라는 단어를 많이 사용한다. 문제 해결을 위해 고통을 두려워하지 않고 직면해 싸워 이기라고 말한다. 그는 한국의 유명세를 버리고 미국으로 진출, 골프 강국에서 성장하기 위해 자신의 스타일을 버린 용기는 고통의 연속이었을 것이다. 문제를 처리하는 과정에서 문제를 피하지 않고 정면으로 맞서 고통을 통한 성장을 놓치지 않은 결과다. 고통이야말로 자양분이 된 것이다. 골프는 그를 고통으로 단련케 했다.

사람은 몸뿐만 아니라 정신도 고통을 겪게 된다. 이별, 사고, 절망, 시련, 소외 등으로 괴로움을 느낀다. 이런 생각이 든다. 고통 없는 세상은 행복할까? 없다면 얼마나 행복할까?

고통엔 의미가 포함되어 있다. 고통이 없다고 생각해 보자. 당신이 고통을 느끼지 못한다면, 어떤 행동을 할 때 조심스러울 필요가 없다. 물리적 충격을 받아도 모르면 자신의 몸에 상처와 아픔을 방치하게 된다. 만사에 조심하지 않게 되어 위험은 더욱 커질 것이다.

정신적 충격에 대해 알지 못하면 대인관계에서 실패하게 된다. 고통을 모르니 상대의 아픔, 슬픔, 기쁨에 공감을 하지 못하는 것이다. 이런 사람을 만나게 되면 관계를 잘 이어갈 수 있을까. 인간은 마음과 몸의 고통을 느끼며 문제의 해결을 통해 행복함을 느끼는 것이다.

삶은 고통의 연속이다. 인생은 필연적으로 힘듦, 걱정, 어려움의 문제가 끊임없이 일어난다. 삶이 고통이라는 것은 문제에 항상 직면하고 있다는 의미이다. 문제를 해결하고 풀어나가면서 성장이 이루어진다. 성장의 과정은 필수적으로 고통이 따르게 된다. 고통은 좋은 날을 위해 의연하게 의미를 찾아가는 인생의 과정이다.

57

다리에도 격이 있다는 말 들어보셨나요?

사람의 격, 품격은 어디에 있다고 생각하는가? 품격은 우리의 언어와 행동에서 나타난다. 조금 더 세밀하게 보면, 다리에 품격이 있다. 다리에 어떤 격을 말하는지 이상하게 느낄 수 있는데, 즉 골프하체, 다리의 품격이다. 같이 한번 확인해보자.

예전 골프 라운드에서 지인 볼이 나무 밑에 놓여 있었다. 이리저리 눈치를 보더니 다리로 볼을 차서 페어웨이로 보내는 행동을 보았다. 무척 당황스러웠다. 사실대로 나에게 말했다면 치기 편안한 장소로 옮기라고 허용했을 것이다. 우리가 시합을 하는 것도 아닌데 말이다. 그 사람의 품성을 엿볼 수 있는 경우였다. 그 사람에 대한 부정적 생각은 좀처럼 지워지지 않고 뇌리에 깊게 각인되었다.

골프는 하체가 중요하다. 곧 다리를 말한다. 스윙에서 안정된

하체는 튼튼한 기초 공사와 같다. 집을 지을 때처럼 말이다. 다리는 동반자를 위해 같이 걷고, 볼이 러프에 들어가면 같이 찾아준다. 그린에 볼이 올라갔을 때, 전략을 고민하며 그린 주변을 살펴주기도 한다. 이 다리는 최고의 품격을 갖고 있다.

반대로 격이 떨어지는 다리가 있다. 자신의 볼을 쳤다고 동반자 샷을 기다리지 않고 앞으로 나가는 다리. 거기에 벙커 안에 선명한 발자국도 그냥 남기고 나온다. 그린 위에서 다리를 끌고 다녀 잔디에 손상을 주기도 한다. 당구로 치면 다이의 천을 찢는 행동이다. 배려는 1도 찾아보기 어렵다.

친밀한 관계를 위해 다리 발품을 팔아야 한다. 발품을 파는 뜻에는 본인의 수고와 노동력이 포함되어 있다. 일상에서도 다리의 품은 관계를 위해 쉬지 않는다. 상품 구매, 영업, 인간관계를 위해서 말이다. 선거철 정치인을 보면, 국민과의 관계를 돈독히 맺기 위해 전국적으로 발품을 판다. 발품을 파는 것 자체가 상대와 관계를 위한 것이다.

이렇게 생각해 보니 다리의 품격이 조금은 이해가 될 것이다. 백 마디 말보다 한번 움직임이 상대에게 신뢰를 더 준다. 곧 말로 자신의 격을 떠드느니 실제 다리를 움직여 최상의 격을 보여주면 자신의 격을 격상시킨다. 우리의 품격 올려보실까요?

58

그럼, 나도 예절을 잘 지키고 있을까요?

제가 골프 예절에 대한 이야기를 많이 한다. 한번은 라운드 중에 처음 만난, 나이만 같은 친구에게 이런 말을 했다. "너 샷 전에 루틴이 길다." 곧 시간을 많이 끈다는 의미이다.

뭐 인생 살면서 별 이야기를 다 듣고 산다지만, 이건 또 무슨 말인가 싶었다. 예전이었다면, 한 마디 쏘아붙였겠지만, 상식을 벗어난 골퍼를 많이 봐 온 터라 웃고 넘어갔다. 상대는 제가 골프에 어떤 길을 걸어왔고, 어떤 과정을 거쳤는지 생각해 보지 않고 자기 머리에 있는 말을 생각 없이 뱄던 거다.

골프는 샷을 하는데 일정한 시간이 정해져 있다(맨 처음 첫 티샷은 50초, 그다음 사람은 40초). 이것은 선수에게 적용되지만 일반 골퍼도 많은 시간을 끌게 되면 눈총을 받는다. 주말 골퍼의 시간은 매너에 해당되고, 선수에게는 질타와 심하면 벌타와 벌금이 주어진다. 곧 모든 골퍼에게 다 해당되는 이야기이고 중요한 예절이다.

잠깐 프로선수의 예를 들어보면, 선수가 왜글 동작을 10번 하는 것을 보고 칼럼리스트가 "샷 전 인생에 대한 깊은 명상에 빠진 것 같다"고 비판도 했다. 자신이 늑장 플레이를 하게 되면 동반자는 그만큼 빨리 쳐야하기 때문에 이기적인 행동이다.

이야기를 다시 하면, 그 친구의 무례함은 그 뿐만이 아니었다. 다른 친구에게 스윙이 이상하다, 볼 구질(슬라이스: 오른쪽으로 휘어져 가는 구질)을 놀리고, 정작 본인이 가장 많은 말을 하면서 동반자에게 말이 많다고까지 했다. 그 말을 듣는 친구도 같은 부류라 그날 온종일 시끄러웠다. 오죽했으면 다른 친구가 저에게 와서 미안하다고 사과까지 했다.

라운드가 끝나고 며칠 지나서 문득 그때 생각이 났다. '내가 진짜 시간을 끄나?' 대수롭지 않게 넘어갈 수 있지만 그래도 혹 모른다는 생각이 들었다. 골프를 93년부터 해서 구력이 28년 인데, 그런 이야기를 한 번도 들어본 적이 없다. 그의 말이 진짜라면 예절을 강조하는 나부터 고쳐야겠다는 생각을 가지게 되었다.

제가 골프를 시작했던 93년도는 예의와 규칙이 강조되었다. 그 당시 매너가 없으면 골프 칠 수 없는 상황이었다. 왜냐하면 골프장이 많지 않았고, 부킹도 어렵고, 사람이 없다보니 약속을 어기면 대처할 사람도 없었기 때문이다. 그러다보니 시간약속, 매너 없는 행동은 상상할 수 없는 시기였다. 거기에 예절을 중시하는 사회 분위기와 비즈니스 성향이 짙어 일과 직접적인 영향도 있었다.

또 매너가 없으면 프로골퍼나 어른에게 혼났다. 연습과 골프코스는 지속적인 배움의 현장이었다. 그 시절 빈 스윙 2번하고 신속하게 치라고 배웠다. 시간 끌지 말라고. 그래서 시간 끈다고 한 번도 지적을 받아 본적도 없고 하지도 않았다. 왜냐하면 시간 끌어봐야 오히려 샷을 망치기 때문이다. 글쓰기처럼 스윙도 간결해야 한다.

가장 확실한 방법은 실험이었다. 연습장은 자신이 조작할 가능성이 있어 실전에서 확인하기로 했다. 연습장에서 시간 끌게 되면 골프장은 두말할 필요가 없다. 곧 100% 시간 끌게 되어있다. 그래서 필드에서 확인했는데, '앞으로 골프 예절에 대해 말해도 되겠다!'

59

본질 잊은 어설픈 경험이 사람 죽인다

지인은 전화로 다급하게 골프장 부킹(약속)에 대해 물었다. 골프도 안 치는 사람이 왠 부킹인가 싶었다. 이유를 물어보니 사장이 지시한 것이란다. 지인의 말에 의하면, 사장은 골프장을 2번만 나가본 왕초보, 즉 골린이었다. 사장은 경험이 미천해 골프도 모르는 직원에게 부탁했고 지인도 모르니 덥석 부킹을 하겠다고 한 모양새다.

골프 부킹에 대해 간략하게 설명해줬다. 첫째, 골프장 회원제의 회원. 둘째, 골프 사이트 가입 후 부킹. 셋째, 골프매니저에게 부탁. 넷째, 지인 인맥 활용 등이다. 비즈니스와 관련 된 골프 약속인 듯한데, 골프를 만만하고 우습게 생각한 것 같다. 자신도 준비 안 된 만찬에 초대하면 어떻게 하겠다는 건가. 참으로 어이없고 짜증 난 상황이다. 차라리 예전 골프가 부르조아 스포츠라 불리던 시절이 그립다. 그 시기에는 골프에, 동반자에 근본을 훼손하는 인간은 없었다.

골프의 본질을 생각해 보았을까? 아님, 어떤 스포츠인지 고민은 해 보았을까? 남들이 한다고 하니 유행처럼 퍼져 대자연만 죽이고 있는 것 아닌지. 겉으로 보이는 과시, 오락에 치중한 모습이다. 질문과 사유 없이 시작한 골프에서 무엇을 바라겠는가? 골프는 대자연의 압도된 공간에서 인간은 끝없는 질문, 반성, 도전하게 만든다. 겉모양의 형식에 편벽 된 모습이 아니라 골프 고유의 모습을 궁리해 나가야 한다. 오히려 골프의 보편화가 중요한 근본을 빼앗는 현실이다.

골프, 귀족 스포츠라 했다. 당신은 귀족을 어떻게 생각하는가? 단지 부를 축적하고 권력만 누렸다고 생각하는가. 그들은 정치적, 법제적을 부여 받은 계급으로 명예, 존중, 배려를 스스로 재단했다. 골프 모임을 통해 결속을 다졌고 원칙, 법칙, 질서를 유지하기 위해 엄격한 골프규칙을 제정한 것이다. 곧 오늘날 그것을 골프 예절(매너)이라 부른다.

골프는 매너, 멘탈 스포츠라고 말한다. 우리의 우선순위는 상대의 마음을 공감하고 경기하는 동안 친밀한 관계를 유지하기 위함이다. 비즈니스의 튼튼한 관계를 맺고자 한다면 돈 내기, 오락, 무례한 행동에 쏠리지 말고 골프의 올바른 진가를 바라봐야 한다. 참된 가치의 선택이 당신을 보호해 준다.

골프장 2번의 경험은 운전 딱 2번 한 사람이 관광버스를 운전해 저 멀리 지방에 가겠다는 것이다. 과연, 당신은 이 버스에 함께 동승하겠는가?

60

님아! 라인 밟지 마세요

선에는 여러 가지 의미가 있다. 인간관계는 적절한 선이 존재한다. 개인 능력과 상대 태도에 따라 관계의 보폭을 자유롭게 조절이 가능하다. 하지만 코로나로 인해 물리적으로 사람 관계에 적당한 거리가 생겼다. 관계의 선을 보자면, 인연의 연결 고리 선이 있다. 거기에는 가족, 연인, 친구, 직장의 선이 존재한다. 그리고 놀이에도 선이 있다. 밟으면 죽는 선(Line) 이다. 주변에 둘러보시면 수많은 라인을 보게 된다. 인간은 태생부터 관계에 관한 선(Line)의 거리가 친밀도를 나타내는 잣대이다. 라인의 적절한 관계, 유지하는 능력이 오늘날 성공의 척도와도 같다.

골프는 라인(Line)이 아주 중요하다. 매너와 경기력에 관한 라인이 존재한다. 그린 위로 올라와 보면 두 가지의 라인이 다 필요하다. 예전 지인과 골프를 하는데, 그린에서 그림자로 동반자의 라인을 가리고 밟고 지나다는 것이었다. 상대가 전혀 몰랐다고 할 수 없는 상황이었다. 왜냐하면 골프 규칙과 매너를 강조하는 사람이었기 때문이었다.

그린에서 동반자의 퍼팅 라인, 곧 볼이 움직이는 선을 밟게 된다면 볼이 굴러가는 길에 흠집을 내는 행동이다. 그 행동으로 볼이 튀면서 방향이 바뀌는 결과를 초래해 나쁜 성적으로 직결된다. 방송을 보면 선수는 돌아다니면서 그린을 보수하는 장면을 보게 되는데, 그만큼 중요하다는 반증이다. 선을 밟지 않는 것이 매너라고 말씀드린 이유를 알 수 있다. 그리고 골프 배우는 과정에서 밟지 않도록 예의 교육을 시켜야 한다.

또 하나가 있는데, 선을 밟는 것 이외에 퍼팅 라인을 자신의 그림자로 가리는 행동이다. 자신의 길에 검은 그림자로 가로 막는다고 생각해 봐라. 안 해 보신 분들은 대수롭지 않게 '뭐 어떠냐?'고 할 수 있는데, 그렇지 않다. 그림자로 막고 서 있으면 골프 라인이 안 보인다. 만약에 자신의 인생을 누군가가 막고 있다면 어떻게 할 것인가. 가만히 계시지 않을 것이다. 그리고 절대 해서는 안 되는 행동이다. 그린에 올라오면 그림자가 어디로 향하고 있는지 관찰을 해야 한다. 매너뿐만 아니라 태양의 방향에 따라 잔디 결이 결정되기 때문에 볼이 굴러가는 스피드에 영향을 준다. 골프는 미세하고 힘들어 보이지만 그 안에 다양하게 사유할 수 있는 품목이 배치되어 있다.

경기력에 관한 선, 라인은 어드레스(볼을 놓고 치려고 하는 준비자세)에서 볼과의 거리. 준비된 자세(셋업)에서 목표 방향에 대해 자신 몸의 정렬도 라인(Line)이 중요합니다. 골프 스윙 플레인, 곧 클럽이 지나가는 길은 말할 것도 없다.

잠깐 부연 설명을 하자면, 볼과의 거리가 너무 멀고, 가깝게 되면 올바른 스윙을 하지 못한다. 정확한 목표 방향으로 자신이 서 있지 못하면 볼은 엉뚱한 곳으로 간다. 클럽이 지나가는 길에 영향을 받아 볼이 날아가는 구질은 와이파이처럼 이쪽저쪽 움직이면 망치는 결과가 나타난다. 경기력으로 볼 때, 선(Line)도 중요한 부분이다.

관계의 선, 밟지 말고 가로막지도 말아야 한다. 라인을 유지하는 것은 그 사람의 됨됨이를 가늠케 하는 선명한 선을 그어야 한다.